CONTES
POUR
LES ENFANTS

PAR

HANS CHRISTIAN ANDERSEN

TRADUITS DU DANOIS

PAR V. CARALP

Illustrations à deux teintes par Derancourt.

PARIS
BELIN-LEPRIEUR ET MORIZOT, ÉDITEURS
5, Rue Pavée-Saint-André-des-Arts.

CONTES
POUR LES ENFANTS

CORBEIL, IMPRIMERIE DE CRÉTÉ.

CONTES

POUR

LES ENFANTS

PAR

HANS CHRISTIAN ANDERSEN

TRADUITS DU DANOIS

PAR V. CARALP.

Illustrations à deux teintes par Derancourt.

PARIS

BELIN-LEPRIEUR ET MORIZOT, EDITEURS.

5, Rue Pavée.Saint-André.des-Arts.

LE SARRASIN.

orsqu'après l'orage, on passe dans un champ de sarrasin, il paraît noir et tout languissant. On serait tenté de croire qu'il a été ravagé par la flamme. Le fermier a coutume de dire alors : « Ah! ce sont les éclairs qui ont fait tout cela! »

« Mais pourquoi les éclairs ont-ils fait tout cela? » demandera peut-être quelque voyageur solitaire cherchant une cause naturelle, ou du moins une simple explication pour tout ce que fait la nature. Je vais vous raconter ce qu'un moineau m'a appris à ce sujet. Ce moineau le tenait d'un vieux saule qui s'élevait jadis et qui s'élève encore aujourd'hui tout près d'un de ces champs de sarrasin dont je vous parle. C'est un grand saule bien grave, riche en années, noueux et tout fendu par le milieu. Dans ses fentes béantes poussent de l'herbe et des ronces qui semblent être là tout à fait chez elles. Son tronc est fortement penché : on dirait qu'il demande un étai, et ses branches pendent vers la terre comme de longs cheveux verts.

Dans toutes les plaines d'alentour croissaient alors des grains magnifiques, le seigle et l'orge, et l'avoine — oui, la si gracieuse avoine, dont les épis, lorsqu'elle est tout à fait mûre, ont l'air d'une troupe de petits oiseaux canaris perchés sur un rameau. Le ciel avait béni la moisson ; et, plus les épis étaient pleins et lourds, plus la bienfaisante plante courbait humblement sa tête.

Mais il y avait aussi par là un champ de sarrasin qui, d'un côté, s'étendait jusqu'à ce vieux saule. Le sarrasin ne courbait pas sa tête, lui, comme faisaient les autres espèces de blé; il l'élevait au contraire aussi orgueilleusement et avec autant de roideur qu'il pouvait.

« Je suis aussi riche que le plus grand d'entre eux, disait-il, et en outre bien plus beau. Mes fleurs sont aussi jolies que celles du pommier rose, et c'est plaisir que de me regarder moi et mes compagnons! Là, de bonne foi, vieux saule pleureur, connaissez-vous quelque chose de plus beau, de plus noble que nous deux, bref, quelque chose qui nous égale?»

Et la tige dépérissante du vieil arbre agita sa tête moussue comme pour dire : « Oh! oui certes, j'en connais! » Alors le sarrasin secouant la tête d'un air de dédain, de s'écrier : « Arbre stupide! Il est si vieux que l'herbe, la mousse et les ronces lui sortent du corps! »

Pendant ce temps-là une violente tempête approchait. Toutes les fleurs des champs enroulaient leurs feuilles, ou inclinaient modestement leurs petites têtes délicates vers le sol, tandis que le vent sifflait et tourbillonnait au-dessus d'elles. Seul, le sarrasin persistait insolemment dans son orgueil et tenait sa tête haute comme d'habitude.

« Courbez-vous comme nous ! » lui murmurèrent d'un ton bienveillant les autres fleurs.

« Quel besoin ai-je de le faire ? » répondit le sarrasin qui n'aimait pas qu'on lui donnât des avis.

« Courbez-vous comme nous ! » lui crièrent les autres grains; voilà l'ange de la tempête qui arrive. Il a des ailes qui s'étendent du plus haut des nuages jusqu'au fond de la vallée la plus humble, et il vous renversera avant que vous ayez seulement eu le temps de lui demander grâce et merci ! »

« Une fois pour toutes, je ne consentirai jamais à faire si peu de cas de moi-même, » reprit le sarrasin.

« Refermez vos fleurs et enveloppez-les bien avec vos feuilles, » dit à son tour le vieux et prudent saule, et surtout « gardez-vous de regarder l'éclair quand la nue s'entr'ouvrira. Les hommes eux-mêmes ne l'oseraient pas. Car, encore que lorsqu'il éclaire ils puissent voir tout à travers le ciel, l'éclair les rend aveugles. Que ne nous arriverait-il donc pas, à nous autres herbes des champs, si, dans notre misère, nous prétendions faire plus que l'homme lui-même! »

« Dans notre misère, » répéta le sarrasin d'un ton moqueur. « Non! en vérité; et je m'en vais au contraire regarder bien haut vers le ciel. »

Et, dans son orgueil coupable, il fit comme il disait. Les éclairs se succédaient avec une rapidité telle qu'on eût dit que tout l'univers était en feu.

Une fois l'orage passé, on vit fleurs et grains se tenir droits dans l'air maintenant pur et calme. La pluie les avait rafraîchis, et ils paraissaient heureux et gais comme le printemps. Mais le sarrasin, le pauvre sarrasin! les éclairs l'avaient brûlé et rendu noir comme du charbon. Il n'était plus désormais dans ce champ qu'une herbe morte et inutile.

Et le vieux saule tournait ses branches au vent, et de larges gouttes d'eau tombaient de ses feuilles vertes, comme si l'arbre eût pleuré. Et les moineaux disaient : « Pourquoi pleurez-vous? c'est si beau ici! Voyez comme le soleil est radieux, et avec quelle rapidité les nuages s'enfuient tout au loin. Ne respirez-vous pas la douce senteur des fleurs et des buissons? Pourquoi donc pleurer, vieux saule? »

Et le vieux saule leur raconta l'orgueil et l'insolence du sarrasin, ainsi que le châtiment qui tôt ou tard suit le crime. Moi qui vous raconte de nouveau cette histoire, je la tiens de ces moineaux toujours si bavards. Ils me la jasèrent un soir que je leur demandais quelque joli petit conte.

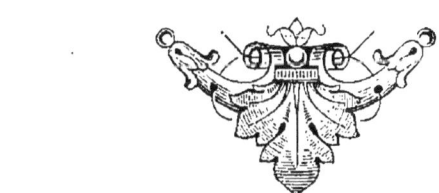

LES CYGNES SAUVAGES.

LES CYGNES SAUVAGES.

Loin, bien loin d'ici, devers les merveilleuses contrées où les hirondelles vont passer la mauvaise saison, celle où toutes nos campagnes sont couvertes de neiges et de frimas, vivait un roi qui avait onze fils et une seule fille nommée Elfride. Les onze frères, tous princes de la plus belle espérance, allaient régulièrement à l'école avec la plaque du grand ordre de chevalerie du roi leur père sur la poitrine et des sabres au côté : ils écrivaient avec des plumes de diamant sur des tablettes d'or, apprenaient parfaitement tout ce qu'ils devaient apprendre, et le savaient bientôt par cœur. Aussi s'apercevait-on aisément qu'ils étaient de race royale. Pendant ce temps-là, la jeune Elfride était assise sur une petite chaise de cristal massif, feuilletant un album magnifique, si magnifique qu'il avait coûté le prix de la moitié du royaume.

Oh! c'étaient là, je vous assure, d'heureux enfants, bien que leur bonne mère ne fût plus de ce monde! Mais les choses ne devaient pas toujours durer ainsi.

Leur père, le roi de tout le pays, se remaria avec une méchante reine qui n'aimait pas du tout ces pauvres enfants. Le jour même de la noce elle le leur fit bien sentir. Il y avait dans tout le palais grande liesse et grand gala, et les enfants jouaient à la dînette; mais au lieu de recevoir, comme d'ordinaire, autant de sucreries et de gâteaux qu'ils en pouvaient manger, elle ne leur donna que du sable dans une tasse à thé en leur disant que cela leur suffi-

rait pour s'amuser et qu'ils n'avaient qu'à s'i-
maginer que cette tasse contenait quelque
bonne friandise.

La semaine suivante, l'artificieuse marâtre
renvoya la petite Elfride du palais pour la placer bien loin à la campagne chez de pauvres
paysans; et à peu de temps de là elle avait
réussi à tellement prévenir son mari contre
les onze princes ses fils que ce monarque,
esprit assez faible du reste, avait complétement
cessé de se soucier d'eux le moins du monde.

« Fuyez au loin à travers l'immensité, dit
alors la méchante reine, et envolez-vous sous
la forme d'un de ces grands oiseaux qui n'ont
pas de voix ! » Mais elle ne put pas faire que les
choses se passassent aussi mal qu'elle l'aurait
voulu, car les princes furent changés en onze
beaux cygnes sauvages. Au même instant ils
s'envolèrent par les fenêtres du palais en poussant un cri étrange, puis on les vit franchir les
dernières limites du parc et de la forêt.

Le lendemain de grand matin, ils arrivèrent
au village où leur sœur Elfride dormait dans
une chaumière. Ils voltigèrent à diverses re-

prises autour du toit de cette humble demeure, tournant de côté et d'autre leurs longs cols comme s'ils eussent cherché quelque chose, et agitant bruyamment leurs ailes; personne ne les vit ni ne les entendit. Il leur fallut alors repartir et s'élever au milieu des nuages pour disparaître de nouveau dans l'espace; mais leur premier soin fut de chercher une forêt bien sombre et bien épaisse qui se prolongeait pendant des centaines de lieues jusqu'à la mer. Pendant ce temps, la pauvre Elfride restée dans la cabane du paysan, jouait avec une feuille verte, car elle n'avait pas d'autre jouet. Elle fit à l'aide d'une épingle, un petit trou dans cette feuille, et regarda le soleil au travers. Elle crut alors apercevoir les yeux brillants de ses frères, et toutes les fois que les chauds rayons de cet astre éclairaient ses joues, elle se rappelait leurs baisers si suaves.

Les jours se passaient de la sorte et se ressemblaient tous. Quand le vent agitait les grands rosiers plantés autour de la chaumière, il murmurait aux roses : « Y a-t-il quelque chose de plus beau que vous ? » Et les roses répondaient en inclinant leurs têtes : « Oh! oui, « Elfride est plus aimable! » Lorsque le dimanche, la vieille propriétaire de la chaumière était assise à sa porte, lisant dévotement son livre d'heures, il arrivait souvent que le vent en tournât les feuillets et murmurât aussi au livre : « Y a-t-il quelque chose d'aussi bon et d'aussi innocent que vous? — Oh! oui, c'est Elfride, » répondait bien vite le livre d'heures. Et les roses, comme le livre d'heures, disaient vrai.

Quand Elfride eut atteint l'âge de quinze ans, il fut convenu qu'elle rentrerait dans la maison paternelle. Or, dès que la cruelle reine vit combien sa belle-fille avait grandi et embelli, son cœur en éprouva un surcroît de rage et d'envie, et elle traita la pauvre enfant plus mal que jamais. Elle l'eût volontiers changée, comme ses frères, en cygne sauvage; mais elle n'osait pas en agir à son égard avec si peu de façons, parce qu'elle avait souvent entendu le roi exprimer le désir de revoir sa pauvre petite Elfride.

Un matin la reine s'en vint au bain. C'était

un édifice construit tout en marbre et garni à l'intérieur de doux coussins et de moelleux tapis. Elle y prit trois crapauds dans sa main, et après les avoir baisés, elle dit au premier : « Quand Elfride viendra ici se baigner, tu te placeras sur sa tête afin qu'elle devienne stupide et endormie comme toi. — Plante-toi sur son front, » dit-elle au second, « pour qu'elle devienne aussi laide que toi, et que son père ne puisse plus la reconnaître. — Fixe-toi sur sa poitrine, » murmura-t-elle enfin au troisième, « et donne lui un mauvais cœur, afin qu'elle devienne méchante et qu'elle n'ait plus qu'à prier Dieu pour elle-même. » Après avoir ainsi parlé, elle jeta les crapauds dans l'eau jusqu'alors pure et limpide et qui devint aussitôt toute trouble et verdâtre. Elle se hâta ensuite d'appeler à elle Elfride, lui aida avec une joie cruelle à se déshabiller, puis la fit entrer dans le bain.

A peine la jeune et naïve princesse se fut-elle plongée dans l'eau, que le premier crapaud se plaça sur ses cheveux, le second sur son front et le troisième sur sa poitrine. Mais

elle ne parut pas s'apercevoir qu'ils fussent là;
et quand elle sortit du bain, on put voir trois
petits pavots rouges flotter à la surface du miroir de cristal. Si ce n'avaient pas été des reptiles venimeux, et si en outre une sorcière ne
les avait pas baisés, ils auraient été changés
en belles roses rouges; tels qu'ils étaient cependant, ils se trouvèrent changés en fleurs
rien que pour avoir touché la tête et le cœur
d'Elfride. La jolie princesse, voyez-vous, était
trop bonne, trop innocente pour que le maléfice pût produire le moindre effet sur elle.

Quand la méchante reine vit cela, elle frotta
Elfride par tout le corps avec du jus de noix,
jusqu'à ce que sa peau, blanche comme le lis,
fût devenue d'un brun sale; elle enduisit en
outre son charmant visage d'une mixtion fétide, et embrouilla ses magnifiques et soyeuses
boucles de cheveux de manière à ce qu'ils ne
formassent plus qu'une touffe aussi confuse que
hideuse à voir. Sous cet horrible et effrayant
déguisement, il était bien impossible de reconnaître la charmante Elfride.

Aussi son père en l'apercevant déclara-t-il

sans hésiter qu'elle n'était pas sa fille, et personne alors ne voulut plus avouer qu'il la connût. Seuls le chien de garde et les hirondelles accueillirent la malheureuse princesse comme une vieille et chère connaissance; mais c'étaient de pauvres et muets animaux, et ils ne pouvaient rien pour elle.

La malheureuse Elfride se prit à pleurer et à songer à ses onze frères qui avaient disparu. Le cœur navré de douleur, elle s'enfuit par la porte du château, et erra tout le long du jour à travers plaines et marais pour enfin arriver à une grande et sombre forêt. Elle ne savait pas le moins du monde où aller, et son découragement était extrême; mais elle brûlait du désir de revoir ses frères. « Sans doute, se disait-elle, ils errent en ce moment comme moi, abandonnés de tous et ne sachant non plus où reposer leur tête dans ce vaste univers. Je ne cesserai de les chercher que lorsque je les aurai retrouvés. »

Il n'y avait que très-peu d'instants qu'Elfride se trouvait dans la forêt, quand la nuit l'y surprit. Elle avait perdu son chemin. Tremblante de frayeur, elle s'assit sur la mousse la plus tendre qu'elle pût rencontrer, récita ses prières du soir et appuya sa tête fatiguée contre le tronc d'un arbre qui paraissait avoir été fendu par la foudre. Un doux et mélancolique silence régnait tout autour d'elle; l'atmosphère était calme et parfumée, tandis que sur l'herbe et la mousse des milliers de petits vers luisants l'entouraient en projetant incessamment leurs petites étincelles de feu verdâtre. Étendait-elle gracieusement la main pour toucher l'un des verts rameaux qui l'abritaient, les petits insectes flamboyants en retombaient aussitôt sur elle semblables à une pluie d'étoiles filantes.

Elle passa là toute la nuit rêvant à ses frères. Il lui sembla les voir jouer encore tous ensemble aussi gaiement qu'autrefois; ils écrivaient sur leurs tablettes d'or avec des plumes de diamant, et examinaient ensuite page par page ce précieux album qui avait coûté autrefois la moitié du royaume. Maintenant qu'ils étaient devenus grands et forts, il ne leur arrivait plus jamais de manquer leurs leçons; et ils racontaient en termes que chacun pou-

2

vait comprendre les hauts faits qu'ils avaient accomplis ainsi que tout ce qu'ils avaient vu et entendu. Leurs tablettes offraient maintenant une lecture bien autrement attrayante que jadis, de même que les feuillets de l'album étaient, eux aussi, bien plus intéressants à parcourir. Les oiseaux chantaient, les gazelles bondissaient tout à l'entour, tandis que les divers personnages, prenant une forme vivante, quittaient les pages de l'album, pour causer amicalement avec Elfride et ses frères. Mais quand on arrivait au dernier feuillet, ils reprenaient en toute hâte les places qu'ils y occupaient, afin que l'ordre régulier des dessins ne fût pas détruit; car c'est l'ordre qui dirige le monde.

Lorsqu'elle se réveilla de ce bienfaisant assoupissement, le soleil était déjà parvenu tout au haut des cieux. Elle ne pouvait assurément pas l'apercevoir, à cause des grands arbres qui étendaient au-dessus de sa tête leurs branches serrées et mêlées; cependant elle découvrit à travers ces branches quelque chose de brillant et de scintillant comme les ondulations d'une belle pièce de gaze d'or. La douce et délicate senteur des arbres verdoyants et de l'herbe embaumait l'air tout à l'entour, et les oiseaux paraissaient si apprivoisés qu'on eût dit à chaque instant qu'ils allaient venir se percher sur les épaules d'Elfride. Elle entendait aussi le murmure de l'eau accourant par mille petits ruisseaux différents se réunir pour former un vaste et magnifique lac dont le fond était du sable le plus fin et le plus brillant. A la vérité elle en était séparée par une barrière que formait la réunion confuse d'une multitude de plantes rampantes, de fleurs odorantes; mais un daim y avait pratiqué, à un certain endroit, une large brèche dont Elfride profita pour s'approcher de l'eau. Telle en était la limpidité que si, à ce moment même, le vent n'avait pas agité les branches des arbrisseaux et les touffes des fleurs, Elfride eût dû être convaincue que ces rameaux et ces touffes avaient été artistement peints au fond du lac, tant sa surface réfléchissait fidèlement la moindre feuille, non-seulement celles que les rayons dorés du soleil illuminaient de leurs feux, mais celles-là même qui restaient cachées dans l'ombre.

Oh ! comme elle recula d'horreur à la hideuse vue de son propre visage réfléchi par le miroir poli et éclatant de l'onde ! Et quel ne fut pas son effroi en se voyant si noire et si laide ! Elle n'eut pourtant qu'à mouiller sa petite main et qu'à s'en frotter les yeux et le front pour que sa peau, dont la blancheur effaçait jadis celle du lis, reparût aussi brillante que jamais à travers cet affreux et fétide déguisement. Elfride en fut si ravie de joie qu'elle n'hésita pas un instant à se débarrasser de tous ses vêtements pour se précipiter hardiment dans les ondes bienfaisantes de l'heureux lac. Non, je vous jure, jamais on ne vit au monde roi avoir une plus belle enfant !

Dès qu'elle se fut rhabillée, qu'elle eut tout simplement séparé ses longs et épais cheveux et qu'elle en eut formé avec art une belle tresse, elle s'approcha joyeusement de l'eau enchantée, se désaltéra en y puisant avec le creux de sa main, puis s'enfonça de plus en plus dans la forêt sans savoir davantage où elle allait. Elle songeait à ses frères, elle songeait au bon Dieu qui veillait sur elle et qui, elle en était sûre, ne l'abandonnerait jamais. Pour lui permettre de satisfaire sa faim, il saurait bien faire croître les pommes sauvages; et en effet ce fut lui qui lui montra alors un arbre, un arbre magnifique, dont les branches venaient toucher la terre tant elles étaient surchargées de fruits. Elle prit là son dîner; puis, le cœur plein d'une sincère reconnaissance, plaçant des appuis sous les branches de ce bel arbre, elle se remit en marche pour s'enfoncer dans les parties les plus obscures de la forêt. Tout y était si silencieux qu'elle pouvait ouïr le bruit de ses propres pas, et jusqu'au bruissement vague produit par la plus petite feuille qu'il lui arrivât de froisser. On n'apercevait pas un seul oiseau, et pas le moindre rayon du soleil ne parvenait à se glisser à travers la voûte épaisse de verdure qui s'étendait au-dessus de sa tête. Ces grands arbres étaient si pressés les uns contre les autres que, dans quelque direction qu'elle jetât les yeux, elle ne découvrait tout autour d'elle qu'une masse compacte de bois. Toute cette scène était empreinte d'un caractère de solitude dont elle n'avait encore jamais eu l'idée.

Et la nuit devenait de plus en plus sombre. On ne pouvait pas apercevoir un seul petit ver luisant briller sur la mousse. Pleine de tristesse, Elfride s'étendit à terre pour y dormir. Tout à coup il lui sembla que les branches qui couvraient sa tête s'écartaient, que le bon Dieu laissait tomber sur elle des regards pleins de bonté et d'aménité. Toute sa contenance était aussi majestueuse qu'affable, et de charmants petits anges voltigeaient autour de lui.

Le lendemain matin, à son réveil, elle fut quelque temps sans pouvoir clairement se rendre compte si ce n'avait été là qu'un rêve ou bien si les choses ne s'étaient pas réellement passées de la sorte.

Alors elle se remit en marche, mais à peine eut-elle fait quelques pas qu'elle rencontra une vieille femme qui portait dans une corbeille des fraises, des mûres de ronces et autres bons fruits. La vieille lui en donna quelques-uns, et Elfride lui demanda si par hasard elle n'aurait pas rencontré onze princes chevauchant à travers la forêt.

« Non, répondit la bonne vieille, mais j'ai vu hier onze cygnes nageant le long du ruisseau voisin, et portant des couronnes d'or sur leur tête. » Tout en parlant ainsi, elle conduisit Elfride un peu plus loin vers une pente hérissée de fragments de roches et aux pieds de laquelle un ruisseau poursuivait sa course vagabonde. Les arbres qui bordaient ses rives étendaient leurs branches chargées de feuilles d'un bord à l'autre comme s'ils avaient voulu s'embrasser tendrement.

Elfride dit gracieusement adieu à la vieille femme, puis suivit le bord du ruisseau jusqu'à l'endroit où il déversait ses eaux dans la grande mer.

Le majestueux océan apparut alors à la jeune fille dans toute son imposante grandeur; mais aucune voile n'était visible à l'horizon et l'œil ne découvrait nulle part la moindre barque. Comment donc pourrait-elle continuer son voyage? Elle se prit à considérer les innombrables petites pierres, toutes de cou-

leurs et de nuances différentes, qui couvraient au loin le rivage : l'eau les avait arrondies et polies. Le verre, le fer, la pierre, en un mot tout ce qui était là confusément disséminé, avait reçu de l'action si lente et si uniforme de l'eau la configuration qui lui était particulière, quoique l'eau fût un corps autrement faible et tendre que ses mains si mignonnes, si délicates. « Elle s'en vient incessamment battre
« et rebattre la rive, dit-elle, et elle a bientôt
« usé et détruit les corps les plus rudes. Eh
« bien, moi aussi, je serai persévérante ;
« merci de la leçon que vous me donnez là, ô
« impitoyables vagues ! Un jour, mon cœur
« me le dit, vous me conduirez vers mes frè-
« res chéris ! »

Parmi les herbes marines rejetées par les vagues sur ce rivage se trouvaient onze plumes de cygnes blancs qu'elle eut bientôt réunies en touffe ; de petites gouttes d'eau y brillaient semblables à des perles, comme si par leur beauté pleine de simplicité elles avaient voulu rendre plus belles encore ces charmantes plumes blanches. Rien de plus sauvage ni de plus solitaire que cette rive; mais Elfride s'en aperçut à peine, car la mer offre de perpétuels changements de scènes, et, dans une couple d'heures, bien plus que ne pourraient faire une vingtaine de lacs dans toute une année. Quelque grand nuage noir s'avançait-il d'un air renfrogné, c'était comme si la mer avait voulu dire : « Voyez-vous, moi aussi, je puis regarder quelqu'un de travers ! » Tantôt le vent faisait grand bruit, et les vagues soulevaient jusqu'au ciel leur blanche chevelure. Tantôt au contraire les nuages étaient d'une belle teinte rougeâtre ; tous les vents paraissaient endormis, et on eût pu prendre alors la mer pour une immense feuille de rose, changeant de nuance à chaque instant, comme si elle allait se faner, passant du rouge au vert, du vert au bleu, ou du bleu au blanc; et cependant, quelque tranquille qu'elle fût, elle n'en venait pas moins toujours battre doucement le rivage, comme si ce mouvement incessant eût été celui de sa respiration.

Le soleil était descendu presque tout au bas de l'horizon, quand Elfride aperçut onze cygnes sauvages avec des couronnes d'or sur la tête, et qui dirigeaient leur vol vers la terre. Ils se tenaient presque à la hauteur des nuages, se suivaient tout près l'un de l'autre et formaient à l'extrémité de l'horizon comme une longue et ondoyante banderole argentée. A cette vue, Elfride gravit un petit tertre voisin où elle se cacha derrière un buisson, et peu d'instants après, les cygnes s'abattaient à côté d'elle, en agitant mollement leurs grandes ailes blanches. En ce moment la face radieuse du soleil disparut complétement sous les flots. Les plumes des cygnes tombèrent aussitôt, et onze beaux et jeunes princes, les frères d'Elfride, se trouvèrent devant elle.

La jeune fille poussa un grand cri de joie : en effet, quoiqu'ils fussent bien changés, quelque chose lui disait que ce devaient être eux. Elle vola donc dans leurs bras, en les appelant chacun par leur nom. Quant à eux, ils ne furent pas moins heureux de retrouver enfin leur petite sœur, de voir qu'elle avait tant grandi et qu'elle était devenue si admirablement belle. Cette rencontre inattendue les faisait tour à tour pleurer et rire de joie, et ils se furent bientôt rendu compte réciproquement des cruelles souffrances qu'ils avaient encore à endurer du fait de leur méchante belle-mère.

« Nous autres onze frères, dit l'aîné, nous planons sous la forme de cygnes sauvages tant que le soleil éclaire l'horizon. Une fois qu'il en disparaît, nous recouvrons notre forme humaine. Mais à ce moment précis du jour qui est d'une si grande importance pour nous, il faut que nous ayons bien soin de nous précautionner de quelque coin de terre ferme pour pouvoir y placer nos pieds; car si le coucher du soleil nous surprenait dans les nuages, nous pourrions être certains de retomber, sous notre forme humaine, de toute cette hauteur, sur la terre ou dans la mer. Notre demeure n'est point ici, car de l'autre côté de la mer il y a précisément un pays aussi beau que celui-ci. Mais d'ici là, il y a loin, bien loin, à travers la mer; et entre ces deux rivages, il ne se trouve pas d'île où nous puissions passer la nuit. Le seul point de repos que nous trouvions dans ce long trajet est un petit rocher qui s'élève solitaire au-dessus des vagues. Ce rocher n'a tout juste de largeur que ce qu'il en faut pour nous permettre de nous y étendre pressés autant que possible les uns contre les autres. Quand la mer est furieuse, elle nous couvre à chaque instant de ses lames ; cependant, tel qu'il est, nous remercions encore Dieu de nous avoir du moins accordé ce périlleux asile. C'est là que nous passons la nuit sous notre forme humaine ; sans un pareil refuge, il nous serait impossible de revoir jamais notre douce patrie, car la traversée nous prend deux des plus longs jours de toute l'année. Ce n'est donc qu'une fois par an que nous avons la permission de revoir les campagnes où nous sommes nés. A cette époque, nous pouvons y demeurer onze jours, planant au-dessus du grand parc d'où nous apercevons le noble château où nous avons reçu le jour, où réside notre père, et d'où nous découvrons le clocher de l'église dans laquelle notre bonne mère est enterrée. Il semble que là les arbres et les fleurs soient nos parents; nous y voyons les chevaux sauvages courir à travers les riches prairies comme ils avaient habitude de faire au temps heureux de notre enfance; nous y entendons les pâtres chanter les mêmes vieux airs que nous aimions tant entendre quand nous étions enfants. C'est là notre pays, c'est là que nous aspirons toujours à revenir, et que nous vous retrouvons enfin, chère petite sœur. Nous avons encore deux jours à y rester, et alors il nous faudra traverser de nouveau la mer pour retourner dans une contrée magnifique sans doute, mais qui hélas! n'est point celle où nous sommes nés. Comment vous emmener avec nous, chère sœur, nous qui n'avons à notre disposition ni vaisseau ni barque?

« Ah! comment pourrais-je vous sauver? » dit leur sœur en soupirant.

Et ils passèrent la nuit presque tout entière à converser. Quelques heures seulement avant la pointe du jour furent données à un léger et paisible sommeil.

Elfride se réveilla au bruit produit par les ailes des cygnes qui déjà planaient à une certaine hauteur au-dessus d'elle. Ses frères avaient de nouveau été transformés; ils s'élevaient dans les airs en décrivant des cercles qui s'élargissaient toujours à mesure qu'ils parvenaient à une plus grande élévation, puis ils finirent par disparaître tout à fait dans l'immensité. L'un d'eux cependant, le plus jeune, était demeuré auprès d'elle, la tête appuyée sur ses genoux tandis qu'elle passait une main caressante sur ses plumes si blanches et si douces. Le frère et la sœur restèrent ainsi la journée tout entière. Vers le soir les autres revinrent de leur longue tournée; et quand le soleil eut complétement disparu dans les flots, ils se retrouvèrent tous devant Elfride sous leur forme naturelle.

« Demain matin, dit l'aîné, nous repartirons tout à fait d'ici, mais nous ne pouvons pas vous abandonner ainsi! Avez-vous assez de courage pour nous accompagner? Mon bras est certes assez vigoureux pour vous porter à travers la forêt; ne pensez-vous donc pas que, à nous tous, nous aurons assez de force dans nos ailes pour vous transporter au delà de la mer? »

« Oh! oui, emmenez-moi avec vous, » dit Elfride d'un ton suppliant.

Au lieu de fermer les yeux un seul instant de toute cette nuit-là, les onze frères firent preuve d'une infatigable industrie. En effet ils firent de leur mieux pour fabriquer avec la flexible écorce des saules, quelque chose qui ressemblait à la fois à un nid et à une corbeille, et employèrent le jonc pour les parties de l'appareil qui demandaient à être plus solides. Quand il se trouva assez grand et assez fort, Elfride y fut placée; et les onze frères ayant de nouveau été changés en cygnes sauvages aux premiers rayons du soleil levant, ils prirent la corbeille dans leurs becs et s'envolèrent au haut des nues avec leur sœur chérie qui dormait encore profondément. Lorsque les rayons du soleil vinrent à frapper d'aplomb son visage, l'un des cygnes eut soin de toujours planer au-dessus de sa tête afin de lui procurer avec ses grandes ailes une ombre bienfaisante.

Ils étaient déjà bien loin de la terre au moment où Elfride se réveilla. Elle crut d'abord qu'elle rêvait encore, tant il lui parut étrange de se sentir ainsi transporter au haut des airs. A côté d'elle était placée une petite branche toute couverte de baies délicieuses et une poignée de savoureuses racines. C'était le plus jeune de ses frères qui avait eu soin de les cueillir et qui les avait placées à côté d'elle dans la corbeille. Elle le récompensa de cette attention par un tendre sourire, car elle devina bien qu'elle en était redevable à celui qui planait en ce moment au-dessus de sa tête et qui la protégeait de ses ailes contre l'ardeur du soleil.

Ils s'élevèrent si haut dans les airs, que le premier vaisseau qu'ils aperçurent au-dessous d'eux ne leur parut pas plus grand qu'une mouette au blanc plumage, bercée par le mouvement cadencé des vagues. Un nuage immense, assez semblable à une énorme montagne flottant dans les airs, était suspendue derrière eux; sur sa merveilleuse surface, Elfride aperçut un tableau gigantesque où elle et ses onze frères étaient représentés fuyant à travers l'espace. Il lui sembla n'avoir jamais encore vu d'aussi magnifique tableau; mais, à mesure que le soleil parvint à un point plus élevé du ciel et que la montagne resta de plus en plus loin derrière eux, cette illusion aérienne s'évanouit aussi, et elle en perdit complétement la vue dans la lointaine direction du rivage.

Ils avancèrent toute la journée en témoignant une âpre impatience et en dirigeant leur vol avec la précision de la flèche qui siffle en traversant l'air, encore bien qu'il fût un peu ralenti, chargés qu'ils étaient du précieux fardeau de leur sœur. Une tempête paraissait imminente, et le soir commençait à venir. Elfride tremblait d'effroi en voyant le soleil s'abaisser rapidement et le rocher solitaire n'apparaître nulle part. Elle crut remarquer alors, aux mouvements précipités de leurs ailes, que les cygnes redoublaient d'efforts. L'infortunée! elle savait bien que s'ils n'avançaient pas assez vite, c'était elle qui en était la cause. Dès que le soleil sera tout à fait couché, se disait-elle, ils redeviendront tous des hommes; ils tomberont alors dans la mer, et ils y périront misérablement noyés! Cette idée seule était déjà presque la mort pour elle. Aussi, s'adressant à Dieu, elle le priait du plus profond de son cœur; mais elle n'apercevait toujours pas le rocher de refuge. Le gros nuage noir, tout chargé de tonnerre et d'éclairs, s'approchait à chaque instant davantage; et de bruyantes rafales de vent annonçaient la venue prochaine d'une tempête. Les nuages s'amoncelaient de plus en plus pour former une masse immense et onduleuse. Ils semblaient avoir la pesanteur du plomb, et on eût dit une horrible chaîne noire à l'aide de laquelle on aurait cherché à assujettir deux prisonniers qui se seraient échappés quelques instants auparavant, le vent et l'eau. Les éclairs scintillaient de toutes parts et se succédaient sans interruption. A ce moment le soleil atteignit l'extrême limite de l'horizon.

Le cœur d'Elfride palpitait d'épouvante : tout à coup les cygnes descendirent avec une rapidité telle qu'elle crut que c'en était fait d'elle et d'eux; cependant ils relevèrent encore une fois leur vol. Déjà le soleil était à moitié plongé dans la mer, quand avec un surcroît d'effroi elle aperçut, à une distance énorme au-dessous d'elle, le petit rocher qui ne paraissait pas alors être plus grand qu'un cheval marin quand il soulève sa tête brunâtre au-dessus du ressac écumeux qui l'entoure. Le soleil disparaissait si vite que déjà il ne semblait guère plus grand qu'une étoile. A ce moment les pieds d'Elfride touchèrent le roc, et le soleil s'évanouit complétement, comme la dernière étincelle que projette un morceau de papier enflammé.

La malheureuse princesse aperçut ses frères pressés autour d'elle, mais il n'y avait là réellement que bien juste la place nécessaire pour eux tous. La mer battait avec violence contre les anfractuosités du rocher et retombait en pluie lourde et froide sur ces bons frères et leur sœur, se serrant les uns contre les autres avec une tendre affection. Le ciel incessamment déchiré par des éclairs paraissait tout en feu et les grondements du tonnerre se succédaient sans interruption. Pendant ce temps-là les frères et la sœur se tenaient par la main en signe de leur tendre union; puis élevant la voix d'un seul accord, ils se mirent à entonner de concert quelques hymnes de l'harmonie la plus touchante qui les consolèrent en même temps qu'ils leur inspiraient un nouveau courage.

A la pointe du jour l'air redevint calme et serein, et au lever du soleil les cygnes s'envolèrent de nouveau avec Elfride loin du petit rocher solitaire. La mer cependant était toujours agitée, et quand ils s'élevèrent encore une fois à force d'ailes vers les nuages, on eût pu croire que la blanche écume dont se couvraient incessamment les flots verdâtres, n'était autre chose qu'une troupe innombrable de cygnes nageant au sommet des vagues.

A mesure que le soleil s'éleva davantage sur l'horizon, Elfride aperçut successivement une vaste étendue de terres montagneuses qui semblaient flotter à moitié dans les airs, avec de scintillantes masses de glace sur leurs sommets hérissés de rochers escarpés. On découvrait au milieu de cette masse de terres un immense château dont la façade se prolongeait sur plus d'une lieue d'étendue, avec des galeries superposées les unes aux autres et des plus gigantesques proportions. Au-dessous apparaissaient des palmiers d'une incomparable beauté bercés par une douce brise, couverts de toutes sortes de fleurs superbes et fantastiques et aussi grandes que les roues d'un moulin. Elle leur demanda si c'était là la terre où ils la conduisaient; mais les cygnes lui firent de la tête un signe négatif. C'était là en effet le magnifique château de la fée Morgane, tout construit, comme on sait, de nuages et de rayons du soleil et aussi mobile qu'ils le sont. Jamais les cygnes n'auraient osé s'y aventurer. Les yeux d'Elfride étaient fixés sur cet édifice de brouillards aux vives couleurs et aux proportions grandioses, quand tout à coup, montagnes, forêts, château, disparurent en même temps. A leur place apparurent vingt églises magnifiques, toutes semblables les unes aux autres, avec leurs toits aigus et avec les flèches élancées et gracieuses de leurs clochers. Elle crut entendre les sons de l'orgue s'en échapper; mais c'était le mélodieux rugissement de la mer qui seul frappait ses oreilles. Elle était tout près de ces églises, quand soudainement elle les vit se transformer en une superbe flotte de vaisseaux naviguant au-dessous d'elle. Elle porta alors ses regards de ce côté, et, chose étrange à dire, elle n'aperçut plus que les ondulations agitées du brouillard qui s'élevait au-dessus de la mer et qui passait avec violence à sa surface comme feraient des voiles gonflées et poussées par le vent. Elle avait là devant les yeux un spectacle d'une perpétuelle mobilité. Une image en chassait une autre, jusqu'au moment où elle aperçut enfin en réalité la terre où elle et ses frères avaient l'intention de se rendre. Alors en effet d'admirables rangées de montagnes bleuâtres avec leurs forêts de cèdres, leurs tours, leurs châteaux élevèrent à ses yeux leurs gracieux contours. Longtemps avant le coucher du soleil Elfride était assise sur un rocher placé à l'entrée d'une grande caverne toute tapissée à l'intérieur de plantes grimpantes, si tendres, si vertes, qu'on eût pu croire que la main toute-puissante de la nature s'était complu à enduire les parois de cette caverne de tapisseries aux plus riches dessins.

« Nous verrons de quoi vous rêverez cette

nuit, » lui dit alors le plus jeune de ses frères en lui montrant sa chambre à coucher.

« Oh ! combien je voudrais rêver que je suis en train de vous sauver, » lui répondit-elle.

Et c'était là une pensée qui lui revenait constamment à l'esprit. Elle priait Dieu avec instance de lui venir en aide, et la bonne fille continuait de l'implorer même dans ses rêves. Tout à coup il lui sembla un jour qu'elle s'enlevait dans les airs vers le château de la fée Morgane. La fée en personne venait au-devant d'elle, si brillante, si belle, et pourtant ressemblant tout à fait à la vieille femme qui lui avait donné de si bonnes baies dans la forêt, et qui lui avait parlé des onze cygnes portant des couronnes d'or sur leurs têtes.

« Il y a un moyen de sauver vos frères, lui dit la fée; mais croyez-vous avoir assez de courage et de persévérance pour accomplir quelque chose de si difficile? La mer est bien autrement douce que vos jolies petites mains; songez cependant que la douleur qu'éprouveraient vos jolis petits doigts n'a pas la moindre prise sur elle. Et puis, elle n'a pas de cœur non plus, de sorte qu'il lui serait impossible d'éprouver les terreurs et les tourments que vous pouvez être sûre d'avoir à traverser. Voyez-vous ces orties dans ma main gauche? Il en croît une grande quantité autour de l'endroit où vous dormez. Ce sont celles-là seulement, et encore celles qu'on trouve quelquefois sur les tombes dans les cimetières, qui conviennent pour l'œuvre que vous allez entreprendre. Mais, souvenez-vous-en bien, il faut que vous les cueilliez vous-même, sans faire attention à leurs piqûres ni aux ampoules qu'elles pourront vous donner. Vous broierez ces orties avec vos pieds de manière à leur ôter toute leur roideur, et cela vous fera de la filasse. Avec cette filasse vous tresserez onze cottes de maille pourvues de longues manches, qu'il vous faudra jeter sur les onze cygnes sauvages. Si vous accomplissez cette tâche, ainsi que je l'espère, le charme qui enchante vos frères se trouvera tout à coup rompu. Mais surtout n'oubliez pas ce que je vais encore vous dire. Du moment où vous commencerez votre travail jusqu'à la dernière heure, que dis-je, jusqu'à la dernière minute du temps qui vous sera nécessaire pour le terminer, quand bien même cette tâche exigerait de vous des années, il faut que vous ne prononciez pas un seul mot. La première syllabe qui s'échapperait de vos lèvres serait comme un poignard qu'on enfoncerait dans le cœur de vos frères. Leur vie dépend de votre langue. Et maintenant, ne manquez pas de bien vous rappeler tout ce que je viens de vous dire ! »

Et comme la jeune fille dormait, la fée toucha sa main avec l'ortie qui la piqua comme eût pu faire une étincelle de feu. Elle se réveilla. Il faisait grand jour, et tout près de l'endroit où elle venait de dormir se trouvait une ortie pareille à celle qu'elle avait vue dans son rêve. Alors elle tomba à genoux, remercia l'excellent auteur de toutes choses de sa miséricorde, puis sortit de la caverne pour commencer sa tâche. Elle plongea ses mains au milieu des orties qui lui firent l'effet de charbons ardents. Elles produisaient de grosses ampoules sur ses mains et sur ses bras; cependant elle ne demandait pas mieux que d'endurer toutes ces souffrances, pourvu qu'elle sauvât ses chers frères. Elle broya toutes ces orties avec ses pieds nus, et se mit à tisser la filasse avec ses doigts endoloris.

Tout de suite après le coucher du soleil, ses frères retournèrent auprès d'elle, et ils ne furent pas médiocrement surpris de la trouver si silencieuse. Ils pensèrent d'abord que c'était l'effet de quelque nouveau sort jeté sur elle par leur méchante marâtre; mais ensuite, quand ils virent les mains de leur chère sœur si misérablement déchirées par les orties, ils comprirent que tout ce qu'elle faisait, c'était pour les sauver; et le plus jeune d'entre eux poussa des cris de douleur, puis répandit d'amères larmes. Mais voyez un peu la merveille! partout où tombèrent ces larmes, Elfride cessa de ressentir la moindre douleur et toute inflammation disparut.

Elle passa la nuit tout entière à l'ouvrage, car il lui aurait été impossible maintenant de prendre un seul instant de repos tant qu'elle n'aurait pas sauvé ses chers frères. Pendant toute la journée suivante, tandis que les cygnes étaient dehors, elle resta solitaire et uniquement occupée de sa tâche ; mais jamais encore le temps ne lui avait paru s'écouler avec tant de rapidité. Déjà l'une des cottes de maille était terminée, et elle faisait toute la diligence possible afin de commencer la seconde sans désemparer.

Tout à coup les sons joyeux du cor et les cris confus des chasseurs retentirent dans les montagnes. La timide petite princesse se prit à trembler de peur. Le bruit cependant approchait toujours davantage. Elle entendait distinctement la voix des chiens. Au comble de la terreur, et sans trop savoir que faire, elle se retira dans la caverne, ramassa en botte les orties qu'elle avait cueillies et broyées, puis s'assit dessus, comme décidée à tenter les efforts les plus désespérés pour défendre un trésor si précieux à ses yeux.

A ce moment un grand chien sauvage sortit des buissons, puis un second, puis un troisième; ils donnaient de la voix, allaient, venaient, s'en allaient, puis revenaient encore. Quelques minutes après, les chasseurs étaient arrivés près de l'ouverture de la caverne, et le plus beau de tous était le roi de tout le pays. Il s'élança aussitôt vers Elfride; car jamais encore il n'avait vu de jeune fille aussi belle.

« Aimable enfant, lui dit-il, comment êtes-vous venue ici ? »

Elfride baissa la tête d'un air tout chagrin : elle n'osait pas parler, car autant eût valu qu'elle tuât ses frères, et elle cachait ses mains dans son tablier, afin que le roi ne pût pas voir les souffrances qu'elle était obligée d'endurer.

« Suivez-moi, lui dit-il encore, il ne faut pas que vous restiez ici. Si vous êtes aussi bonne que vous êtes jolie, je vous habillerai tout de soie et de velours; je placerai la couronne d'or sur votre tête, et vous habiterez le plus splendide palais que je possède. » Tout en parlant de la sorte, il plaçait en travers sur son cheval le corps d'Elfride presque sans vie et qui cependant essayait encore de résister.

Elle pleurait, elle se tordait les bras de désespoir, mais le roi lui dit : « Reprenez courage, belle créature, je ne veux que votre bonheur. Un jour vous me remercierez du plus profond de votre cœur. » En disant ces mots, il partit au galop à travers les magnifiques campagnes, tenant devant lui sur son cheval sa charmante proie; et les chasseurs qui l'accompagnaient s'efforçaient de le suivre. Juste au moment où le soleil se couchait, on vit apparaître du fond de la vallée, avec ses églises et ses tours, la splendide cité qu'habitait le roi : il n'y eut peut-être jamais de si beau spectacle.

Le premier soin du roi fut de conduire la belle princesse au palais où de grandes fontaines projetaient leurs murmurantes eaux dans d'immenses salles de marbre, aux murailles et aux plafonds tout revêtus d'or et de peintures plus précieuses encore. Mais Elfride ne songeait pas à considérer toutes ces merveilles; elle ne pouvait que gémir et pleurer. Bonne et affable comme elle l'était, elle laissa cependant des dames d'atour lui mettre des robes de reine, orner ses cheveux de perles et placer des gants de soie sur ses mains toutes piquées et gonflées.

Et quand elle se trouva devant elles dans

toute sa splendeur, sa beauté parut si merveilleuse que les courtisans s'inclinèrent à l'envi encore plus profondément, et que le roi la choisit tout de suite pour sa fiancée. Seul son chancelier secouait la tête d'un air tout pensif, et il disait bien bas à ses amis que cette aimable fille des bois n'était très-certainement qu'une sorcière qui avait ébloui les yeux du prince et jeté un maléfice sur son cœur.

Mais le roi fit la sourde oreille à toutes ses représentations. Il ordonna que la musique retentît plus bruyante que jamais, fit servir sur sa table les mets les plus délicieux et voulut qu'on préparât tout pour des réjouissances bien plus grandes encore.

On conduisit Elfride à travers des jardins pleins de fleurs odorantes, dans de magnifiques salles où des jeunes filles, toutes remarquables par leur grâce et leur amabilité, l'entourèrent en exécutant les danses les plus joyeuses. Mais pas un sourire n'échappait de ses lèvres, pas un éclair de joie ne brillait dans ses yeux; tout au contraire, chacun de ses regards et de ses gestes témoignait du chagrin le plus profond. Le roi ouvrit alors une petite pièce latérale située près de la chambre où elle devait dormir. Elle était entièrement couverte de riches tapisseries vertes disposées de façon qu'elle ressemblait tout à fait à la caverne d'Elfride dans la forêt. Par terre se trouvait la filasse qu'elle avait fabriquée avec les orties, et que, malgré sa crainte d'être surprise, elle avait si soigneusement remise en botte : à la muraille était suspendue aussi la cotte de maille qu'elle avait déjà terminée. L'un des chasseurs avait emporté tout cela comme des objets de curiosité, dans l'intention de les rendre plus tard à son maître.

« Vous pourrez vivre ici en paix, lui dit le roi, et vous imaginer que vous êtes revenue dans votre ancienne demeure. Voilà l'ouvrage dont vous vous y occupiez. Maintenant même, dans toute votre splendeur, vous trouverez quelquefois du plaisir à penser aux jours passés. »

Quand Elfride vit devant elle ce qu'elle avait tant à cœur, un sourire de bonheur effleura ses charmantes lèvres, et le sang revint animer ses joues. Elle crut de nouveau à la possibilité pour elle de sauver ses frères et dans l'élan de sa reconnaissance elle baisa la main du roi, tandis que lui il la pressait sur son cœur tout palpitant de joie, et qu'il faisait sonner les cloches des églises à toutes volées pour annoncer son mariage à son peuple. La jolie fille muette de la forêt allait devenir la reine du pays.

Alors le soupçonneux chancelier essaya encore de glisser de méchants propos dans l'oreille du roi, mais ils ne purent jamais trouver le chemin de son cœur. Ce prince ne voulut pas entendre parler de délais nouveaux pour la célébration du mariage. C'était le chancelier en personne qui, dans cette cérémonie, avait charge de poser la couronne sur la tête de la fiancée. Plein de colère et de dépit, il laissa à dessein tomber le bord étroit de la couronne sur le front de la princesse avec assez de force pour la blesser. Mais Elfride ressentait en ce moment au cœur une douleur bien autrement vive, c'est-à-dire les inquiétudes et le chagrin que lui causaient ses frères, et c'en était assez pour qu'elle oubliât toute souffrance physique. Sa bouche demeura close. Ne savait-elle pas qu'une seule petite parole prononcée par elle coûterait la vie à ses frères? cependant on voyait à l'expression de ses yeux combien elle aimait sincèrement le bel et bon roi qui faisait de son mieux pour l'égayer et la réjouir.

De jour en jour son âme s'attachait davantage à lui. Oh! qu'elle eût désiré pouvoir lui confier son secret et la cause de son chagrin! Mais elle était obligée de rester muette, et de terminer son travail en silence. A cet effet elle s'esquivait toutes les nuits, et gagnait bien vite la petite pièce qui avait été décorée comme sa chère caverne et dont la clef ne la quittait jamais. Elle y tressait les cottes de maille les unes après les autres; or, juste au moment où elle allait commencer la septième, elle s'aperçut qu'il ne lui restait plus de filasse.

Elle savait parfaitement que les orties dont elle avait besoin pour en fabriquer croissaient en quantité dans le cimetière; mais il lui fallait les cueillir elle-même; or, comment faire pour y aller sans être remarquée?

« Oh! qu'est-ce que la douleur de mes doigts, pensa-t-elle, en comparaison de l'agonie qu'endure mon cœur! Il faut, coûte que coûte, que je risque l'aventure. Dans ce moment de pressant besoin, Dieu tout-puissant ne retirera pas sa main secourable de dessus moi! » Et en proie à d'indicibles angoisses, comme si elle allait commettre quelque mauvaise action, elle se glissa, par le clair de lune, dans le jardin, en franchit les longues avenues pour entrer dans des sentiers déserts, puis se dirigea vers le cimetière. Là, son épouvante fut au comble en apercevant d'horribles sorcières accroupies en cercle, sur l'une des tombes les plus grandes. Il fallait qu'Elfride passât tout à côté de ces affreuses mégères, qui tenaient leurs yeux pleins de malice incessamment fixés sur la pauvre jeune fille. Mais elle se signa, récita mentalement une courte prière, cueillit les piquantes orties avec autant de célérité que possible, puis les rapporta au palais.

Une seule personne s'était aperçue de sa promenade nocturne : c'était le chancelier qui veillait alors que les autres dormaient. « Enfin, se dit-il à lui-même, j'ai la preuve que je disais vrai en accusant la reine de n'être pas tout à fait ce qu'elle devrait être. Évidemment ce n'est qu'une sorcière, et encore une des plus méchantes sorcières qui se puissent rencontrer. Voilà ce qui explique comment elle a su gagner si vite le cœur du roi et l'affection de tout son peuple. »

Le chancelier ayant eu occasion d'accompagner le roi à la sainte messe lui raconta en route ce qu'il avait vu, puis lui répéta de nouveau dans l'église ce qu'il avait tout lieu de craindre et de soupçonner. Quand ces cruelles paroles s'échappèrent de ses lèvres, les statues de saints adossées aux murailles et aux piliers de l'église semblèrent secouer leurs têtes, comme pour dire : « Non ! il n'en est pas ainsi ; et Elfride est innocente ! » Mais le chancelier donna à ce fait surnaturel une tout autre explication ; il y vit la preuve de la culpabilité de la reine, et il dit que ces muettes statues n'avaient ainsi remué la tête que pour témoigner de l'état de péché d'Elfride.

Deux grosses larmes coulèrent le long des joues du bon roi. Il s'en revint chez lui avec tous les tourments du doute dans le cœur ; et la nuit, il fit semblant de dormir, encore bien que le paisible sommeil se refusât à fermer ses paupières appesanties. Il vit alors comment Elfride se relevait, et remarqua que toutes les nuits elle en faisait autant. Il la suivait toujours en silence, et la voyait constamment se glisser sans bruit dans la petite chambre qui ressemblait tant à la grotte, puis en refermer soigneusement la porte après elle.

De jour en jour le visage du roi devenait plus sombre. Elfride souffrait en secret de ce changement, mais elle ne pouvait en deviner les motifs ; et que ne souffrait-elle pas non plus dans le plus profond de son cœur en songeant à ses malheureux frères qui pendant ce temps-là planaient toujours au plus haut des airs, loin de sa vue, sous la forme de cygnes sauvages ! Ses larmes coulaient en abondance sur la pourpre et le velours de ses vêtements royaux ; elles y restaient semblables à de brillants diamants, et tous ceux qui voyaient combien ils resplendissaient, regrettaient de ne pas être la reine. Son ouvrage touchait maintenant à son terme : il ne lui restait qu'une cotte de maille à finir; mais elle n'avait plus de filasse, et pas une seule ortie sous la main. Elfride se dit alors à elle-même qu'il lui fallait encore une fois, mais rien qu'une fois et pour la dernière, retourner au cimetière et y cueillir quelques poignées d'orties. Elle tremblait cependant en pensant à cette promenade solitaire et aux hideuses sorcières qu'elle allait sans doute revoir; mais elle était bien déterminée à les regarder en face, et d'ailleurs elle plaçait toute sa confiance en Dieu, qui sait tout ce qui doit arriver aux humains.

Elfride se dirigea donc vers le cimetière; mais le roi et son chancelier la suivaient à distance sans qu'elle s'en doutât. Ils la perdirent de vue près de la grille d'entrée, et, en s'approchant davantage, ils aperçurent les sorcières accroupies sur le tombeau, telles qu'Elfride les avait vues. Oh! avec quelle horreur le bon roi ne détourna-t-il pas ses regards à la vue de ce sinistre spectacle! Il crut voir en effet, au milieu de ces affreuses sorcières, celle qui était devenue sa fiancée.

« C'est au peuple à la juger ! » s'écria-t-il d'une voix défaillante. Et la sentence rendue par le peuple fut qu'Elfride devait être brûlée vive !

Alors on l'enleva des splendides appartements habités par le roi, pour la plonger dans un caveau sombre et humide où le vent sifflait à travers une petite lucarne mal jointe et garnie à l'extérieur d'épais barreaux. Au lieu de soie et de velours, on lui donna les orties qu'elle avait cueillies dans le cimetière, attachées ensemble au moyen d'une grosse corde. On lui dit qu'elle n'avait qu'à les placer sous sa tête en guise d'oreiller, et qu'elle pouvait se servir des rudes et piquantes cottes de maille en guise de lit et de couverture. On ne pouvait précisément pas lui faire un plus agréable cadeau, puisqu'elle se trouvait maintenant en état de terminer sa pénible tâche ; et avec un redoublement de ferveur elle pria Dieu de lui venir en aide. Au dehors, les enfants faisaient retentir les rues de chansons moqueuses faites sur elle, et personne ne songeait à lui apporter la moindre consolation.

Mais écoutez! Ne voilà-t-il pas que vers le soir elle entend tout à coup, à travers les barreaux de fer de sa petite lucarne, le bruit produit par les ailes d'un cygne qui voltige; c'était le plus jeune de ses frères qui la retrouvait enfin! Elle pleura de joie, encore bien qu'il n'y eût pas à douter que ce ne fût la dernière nuit qu'elle eût à vivre. Mais comme elle se sentait heureuse de savoir que sa tâche était à peu près terminée, et que ses frères étaient là! Le chancelier se présenta, suivant la promesse qu'il avait faite au roi, pour lui demander si elle n'avait pas d'aveux à faire. Elle se borna à lui répondre par un signe négatif de la tête, en même temps que du geste et du regard elle l'invitait à s'éloigner. C'était en effet dans cette nuit suprême qu'elle devait achever sa besogne, sans quoi ses chagrins, ses larmes, son silence et ses longues nuits sans sommeil, tout cela resterait inutile. Le chancelier s'éloigna en proférant des paroles de dépit et de colère: mais la pauvre Elfride savait qu'elle était innocente ; aussi se remit-elle plus résolûment que jamais au travail.

Pendant ce temps-là, de petites souris parcouraient sans crainte le donjon ; et, comme petit aide fait souvent grand bien, elles tiraient les orties jusqu'à Elfride et les amassaient à ses pieds. Les grives, perchées sur les barreaux de fer de la lucarne, chantèrent gaiement toute la nuit afin que la pauvre prisonnière ne perdît pas courage. Le jour venait à peine de poindre, car il fallait encore une bonne heure pour que le soleil fût levé dans toute la splendeur qui lui est propre pendant les mois d'été. A ce moment les onze frères étaient devant la porte du palais, demandant instamment à être conduits en la présence du roi. Mais on leur répondit que cela ne se pouvait pas, qu'il était beaucoup trop matin, que le roi dormait encore, et qu'il ne fallait pas le réveiller. Quand ils eurent épuisé la prière, ils eurent recours à la menace ; et alors la garde sortit pour mettre le holà. Le roi lui-même, que tout ce vacarne avait fini par réveiller, s'en vint demander ce qu'il y avait. Mais alors, hélas ! le soleil se leva, et on ne put plus découvrir nulle part les jeunes princes. Seulement on vit onze cygnes sauvages s'éloigner à toutes ailes du palais.

Une foule innombrable de peuple sortit des portes de la ville pour assister au supplice de la reine condamnée à périr sur un bûcher. Un misérable cheval, véritable squelette ambulant, traînait la lourde charrette où elle était assise. On lui avait fait endosser un fourreau de toile grossière. Ses longs et magnifiques cheveux retombaient en un gracieux désordre sur son front empreint du calme le plus sublime et sur sa belle et angélique figure. Ses joues étaient pâles comme la mort; ses lèvres tremblaient légèrement, et, pendant ce temps-là, ses doigts délicats, par un dernier effort du désespoir, tordaient et retordaient la filasse provenant des orties. Même en allant recevoir la mort au milieu des plus effroyables tortures, elle n'avait pas voulu abandonner l'œuvre commencée. Les dix cottes de maille étaient à ses pieds, et elle travaillait activement à la onzième.

Pendant ce temps-là le peuple la raillait

cruellement. « Voyez donc, disait-il, la sorcière! comme elle se mord les lèvres à cette heure! Regardez un peu sa sale et diabolique défroque! Déchirons en mille morceaux cette étoffe ensorcelée! » A ces mots, tous de se précipiter à l'envi sur Elfride pour lui enlever de vive force son trésor, son plus précieux joyau, le doux présent que son amour réservait à ses frères. Mais tout à coup onze cygnes blancs arrivèrent à toutes ailes. Ils l'entourèrent en agitant constamment leurs grandes ailes au-dessus de la fatale charrette.

La foule recula frappée d'épouvante. « C'est évidemment là un signe du ciel, disaient beaucoup de gens, et elle doit être innocente! » Ils n'auraient eu garde pourtant de le dire bien haut.

L'exécuteur des hautes-œuvres venait de prendre par la main la malheureuse reine pour la faire monter sur le bûcher, quand, au même instant, elle jeta les onze cottes de mailles sur les cygnes; et aussitôt onze princes magnifiques apparurent à ses côtés. Le plus jeune avait cependant encore une aile de cygne au lieu d'un bras qui lui manquait. Une manche de la cotte de mailles était en effet restée inachevée, parce que sa bonne sœur Elfride, malgré tout son incomparable zèle, n'avait pas pu la complétement finir.

« Enfin, je puis parler, s'écria-t-elle alors; je suis innocente! »

Et le peuple, témoin de ce qui venait de se passer, s'inclinait devant Elfride comme si elle eût été une des saintes du bon vieux temps; tandis qu'elle retombait presque sans vie, accablée d'inquiétude et de crainte, dans les bras de ses frères.

« Oui, elle est innocente! » s'écria l'aîné. Et alors il raconta tout ce qui leur était arrivé. Pendant qu'il parlait, une suave et balsamique odeur, semblable à celle qu'eût seul pu produire un million de roses, se répandit de toutes parts. C'est que tous les morceaux de bois qui composaient le bûcher avaient instantanément pris racine, et poussé de verdoyants rameaux. Au lieu d'un horrible bûcher enflammé, la foule n'avait plus devant elle qu'un immense et magnifique bosquet tout couvert de roses de l'incarnat le plus vif. Au milieu brillait une fleur blanche de toute beauté ; elle avait l'éclat argenté d'une de ces petites étoiles qui scintillent comme des couronnes sur la robe de pourpre du matin. Le roi s'approcha. Il cueillit la fleur et la plaça sur le sein d'Elfride. Alors elle sortit d'un assoupissement qui avait l'apparence de la mort, et se réveilla pour le calme et le bonheur.

Et toutes les cloches des églises se mirent en branle d'elles-mêmes. Les oiseaux accouraient tout joyeux et par innombrables bandes le long de la route ; et alors un cortége nuptial, tel que jamais autre roi n'en vit de pareil, s'en revint au palais.

L'ANGE.

L'ANGE.

outes les fois qu'un enfant bon et obéissant meurt, un ange de Dieu descend sur la terre, prend le petit enfant mort dans ses bras, étend ses grandes ailes blanches, puis voltige ainsi au-dessus de tous les endroits où cet enfant aimait à se trouver quand il vivait encore. Alors, après avoir cueilli un gros bouquet de fleurs, il les rapporte à Dieu dans le ciel où elles redeviennent bien plus belles qu'elles n'étaient ici-bas. Dieu, dans sa bonté infinie, presse toutes ces fleurs contre son cœur; ensuite, il donne à la fleur qui lui plaît le plus dans tout le bouquet une voix douce et claire, de telle sorte que cette fleur est désormais douée du don de pouvoir chanter et charmer les êtres heureux qui l'entourent.

C'est ce que disait un de ces anges du bon Dieu à un petit enfant mort qu'il ramenait au ciel dans ses bras. L'enfant écoutait, comme si c'eût été là pour lui un rêve. Emporté sur les ailes légères de l'ange, il passait rapidement au-dessus de tous les endroits où il jouait naguère, alors qu'il était encore de ce monde, et ils traversaient tous deux de la sorte des jardins tout remplis de fleurs exhalant les plus doux parfums.

« Quelles fleurs emporterons-nous avec nous pour les replanter dans le ciel? » dit l'ange.

Il n'y avait alors à côté d'eux qu'un seul rosier, bien plus beau pourtant que ceux qu'on peut voir d'ordinaire; mais quelque main brutale en avait capricieusement brisé la tige, de sorte que tous les petits jets qui tout à l'heure encore étaient si verts, si beaux, qui étalaient de si réjouissantes touffes de boutons à moitié éclos, penchaient maintenant tristes et flétris vers le sol tout couvert à la ronde du plus fin, du plus doux gazon.

« Ah! le pauvre petit arbre, dit l'enfant en poussant un profond soupir; oh! emportez-le aussi avec vous, bon ange, pour qu'il puisse fleurir de nouveau près de Dieu! »

Et l'ange le prit avec lui, après avoir d'abord embrassé l'enfant pour ce qu'il venait de dire; et le petit être ouvrit à moitié ses yeux. Ils cueillirent ensuite quelques-unes de ces belles et riches fleurs dont le parfum et la couleur charment l'homme; ils n'oublièrent ni l'humble fleur du prunier sauvage ni celle du houx tout entourée d'épines.

« Nous avons maintenant des fleurs en abondance, » dit l'enfant; et l'ange fit un signe de la tête comme pour dire : « Oui. » Cependant ils ne reprirent pas tout de suite leur vol vers le ciel. Il faisait nuit, et un saint silence régnait tout autour d'eux. Ils s'arrêtèrent un instant dans une grande ville près de laquelle l'enfant avait demeuré et voltigèrent au-dessus d'une des rues les plus étroites, où des amas de paille, de cendre et d'autres débris informes témoignaient de la nature périssable de toutes choses en ce monde. C'était précisément à l'époque de l'année où l'on a coutume de déménager et d'emménager. Les petites rues paraissaient toutes sales et encombrées. Des fragments de pots, d'assiettes et de plats gisaient là, confondus avec des gravats et des haillons, des fonds de vieux chapeaux d'hommes et de femmes, en un mot, avec une foule d'objets d'un aspect fort peu agréable.

Et au milieu de ce bizarre assemblage, l'ange montra à l'enfant les fragments d'un pot de fleur, ainsi qu'une petite motte de terre tellement desséchée qu'elle avait acquis la dureté de la pierre. Elle était tombée hors du pot, et même dans cet état de dépérissement elle tenait aussi amoureusement que jamais aux racines embrouillées d'une grande fleur des champs toute fanée qu'on avait sans plus de façons rejetée dans la rue, rien que parce qu'elle était déjà sèche et passée.

« Nous l'emporterons avec nous, dit l'ange, et en route je vous apprendrai pourquoi. »

Et alors ils s'éloignèrent de la terre; et l'ange raconta ainsi son histoire :

« Dans cette rue étroite que vous voyez là-bas, à un rez-de-chaussée sombre et humide, demeurait un pauvre enfant malade. Depuis ses premières années il avait dû rester alité, parce qu'une maladie incurable minait sans cesse sa chétive constitution. Quand il s'était le mieux porté, il avait quelquefois pu se promener de long en large dans sa chambre avec des béquilles; mais ç'avait été là tout. Aux plus beaux jours de l'année seulement, les rayons du soleil pénétraient pendant l'espace d'une demi-heure dans les parties de ce rez-de-chaussée les plus rapprochées de la cour. Quand le petit enfant était assis là, se réchauffant aux rayons du soleil et s'amusant à regarder le sang rouge à travers l'extrémité diaphane de ses doigts, il avait coutume de dire : Ah! aujourd'hui du moins j'ai pu sortir ! »

«Il ne connaissait la forêt dans sa magnifique parure de printemps que parce que le fils du voisin lui apportait en guise de branche de l'arbre de mai les premiers rameaux verts du hêtre. Il les plaçait au-dessus de sa tête et rêvait alors qu'il était mollement étendu, heureux et bien portant, sous le verdoyant abri des hêtres dont le soleil finissait par traverser l'épais feuillage, tandis que les petits oiseaux gazouillaient tout joyeux autour de lui. Un jour, c'était au printemps, son petit ami lui fit aussi présent de quelques fleurs des champs parmi lesquelles il s'en trouvait par hasard une qui avait conservé ses racines. On la planta dans un pot, et on la plaça sur la fenêtre, non loin de son lit. Elle poussa de nouveaux rejetons, qui s'élevèrent autour de la tige-mère comme une joyeuse troupe d'enfants. Chaque année la plante reconnaissante produisait d'odorantes fleurs; dans sa beauté dénuée de toute prétention elle devint, aux yeux de l'enfant malade, un magnifique petit jardin, son petit trésor à lui sur cette terre. Oh! avec quel soin il l'arrosait, comme il veillait sur elle, comme il prenait garde qu'elle ne perdît pas la moindre parcelle de chacun des rayons de soleil qui pénétraient jusqu'à sa croisée, si basse, si renfoncée ! Quant à la fleur, dans sa tranquille croissance elle se développait par degrés avec ses rêves. C'était pour lui seul qu'elle déployait la plénitude de cette beauté que d'autres ne regardaient qu'avec dédain. C'était pour lui seul qu'elle s'épanouissait et qu'elle exhalait une si douce odeur. C'était son cœur, c'étaient ses yeux dont elle faisait seule le bonheur; aussi au moment d'expirer, quand Dieu le rappela enfin à lui, le pauvre enfant s'efforça-t-il par un dernier effort de regarder encore une fois sa fleur chérie. Il y a déjà un an que ce petit enfant est réuni à Dieu. Pendant toute cette année la fleur est restée oubliée sur la fenêtre. Tout naturellement alors elle a dépéri, et enfin quand les habitants du rez-de-chaussée ont quitté la maison, ils l'ont jetée dans la rue avec les balayures. C'est précisément cette même fleur, cette pauvre fleur flétrie, que nous avons placée dans notre bouquet. Elle a été en effet la source de joies bien plus vives que les fleurs les plus magnifiques dans le jardin d'une reine. »

« Mais comment savez-vous tout cela ? » demanda le petit enfant que l'ange ramenait au ciel.

« Je le sais, répondit l'ange, parce que c'était moi le pauvre petit enfant malade qui allait avec des béquilles. Oh! je reconnais bien ma fleur!»

Et le petit enfant ouvrit ses yeux bien grands pour regarder la figure de l'ange en ce moment toute radieuse de joie et de bonheur. Ils venaient juste d'atteindre le ciel où règnent éternellement la joie et le bonheur. Et Dieu donna au petit enfant mort de blanches ailes semblables à celles de l'ange, avec qui il s'envola alors, tous deux se tenant tendrement par la main. A la pauvre fleur fanée des champs Dieu donna une voix douce et claire; elle entonna aussitôt l'hymne de gloire avec les anges qui voltigent dans le ciel autour de Dieu, les uns planant près de lui avec leurs grandes ailes toutes déployées, les autres entourant ceux-là et formant toujours des cercles de plus en plus larges, jusqu'à l'infini, mais tous également heureux. Et tous chantaient, les petits comme les grands; le bon petit enfant innocent qui naguère rampait à l'aide de ses ennuyeuses béquilles, tout comme la pauvre petite fleur fanée des champs qui avait été jetée parmi les balayures, et qui le jour du déménagement gisait parmi toutes sortes d'informes débris au coin d'une rue sale et obscure.

ÉLISE.

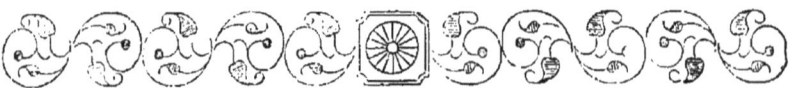

ÉLISE.

Il y avait une fois une jeune femme d'humeur si douce, si aimable, que chacun l'aimait. Il y avait, entre autres voisins de la maison qu'elle habitait, une vieille sorcière dont elle était la grande favorite. Un jour cette vieille sorcière lui dit qu'elle avait un beau présent à lui faire. « Voyez, lui dit-elle, voici un grain d'orge qui ne ressemble guère à ceux qui croissent dans les champs du fermier, ni à ceux que l'on donne à la volaille. Plantez-le dans un pot à fleur, prenez-en bien soin et vous verrez ce qui arrivera. »

« Mille fois merci ! » dit la jeune femme. Et là-dessus elle s'en revint tout droit chez elle, et planta dans un pot à fleur le grain d'orge que lui avait donné la sorcière. Il y poussa tout aussitôt une grande et belle fleur ; mais les feuilles de cette fleur étaient toutes fermées : on eût pu croire que c'étaient autant de boutons.

« La magnifique fleur que voilà ! » dit la jeune femme en se penchant pour baiser ses pétales rouges et jaunes. A peine ses lèvres eurent-elles touché la fleur que celle-ci rendit un son sourd et entr'ouvrit son calice. Alors la jeune femme put voir que c'était une tulipe : et au milieu du calice, tout au fond, se trouvait une jolie petite fille. Elle n'avait guère plus d'un pouce de haut, et la jeune femme lui donna pour nom Élise.

Elle fit à ce petit être un berceau d'une coquille de noix, puis lui apprêta une feuille de violette pour matelas et une feuille de rose pour couverture. Élise dormait la nuit dans ce berceau, et pendant le jour elle jouait sur la table. La jeune femme plaça sur la table une assiette pleine d'eau qu'elle entoura de fleurs; les tiges des fleurs plongeaient toutes au fond de l'eau; à la superficie, flottait une grande feuille de tulipe, et sur cette feuille de tulipe se tenait la petite Élise qui naviguait d'une extrémité de l'assiette à l'autre, en se servant à cet effet de deux crins blancs en guise d'avirons. Tout cela était d'un effet charmant; d'ailleurs Élise savait aussi chanter, mais d'une jolie petite voix si délicate que jamais on n'en entendit pareille.

Une nuit qu'elle était couchée dans son berceau, un affreux crapaud sauta jusqu'à elle à travers un carreau de la fenêtre qui était cassé. C'était un gros crapaud bien laid, et il sauta tout à coup sur la table où Élise dormait sous sa feuille de rose.

« Ma foi! voilà qui ferait une jolie petite femme pour mon fils! » dit le crapaud; et en parlant ainsi il prit la coquille de noix dans sa bouche et s'enfuit avec dans le jardin à travers le carreau.

Un large ruisseau coulait dans ce jardin, mais les bords en étaient tout marécageux ; c'est là qu'habitaient le crapaud et son fils. Oh! que ce fils, lui aussi, était donc laid! Il ressemblait trait pour trait à M. son père ; et tout ce qu'il put dire en voyant la jolie petite fille dans la coquille de noix, ce fut : « Couac ! couac ! breck kek ! »

«Ne parle donc pas si haut,» lui dit le vieux, « sans cela tu la réveillerais, et elle pourrait aisément nous échapper, car elle est plus légère que du duvet de cygne. Nous la poserons sur une grande plante dans le ruisseau : ce sera toute une île pour elle, et de la sorte elle ne pourra pas nous échapper. Pendant ce temps-là nous bâtirons dans la vase la maison que vous habiterez tous deux.»

Il y avait dans ce ruisseau une innombrable quantité de grandes plantes. La plus éloignée était en même temps la plus grande d'entre elles. Ce fut vers cette plante que le vieux crapaud se mit à nager, et il y déposa la coquille de noix avec la jolie petite fille qui était dedans.

La petite Élise se réveilla le lendemain matin de bonne heure. Quand elle regarda tout autour d'elle; lorsqu'elle reconnut où elle se trouvait, que sa nouvelle habitation était entourée d'eau de toutes parts, et qu'il n'y avait plus de possibilité pour elle de regagner le rivage, elle se prit à pleurer amèrement.

Pendant ce temps-là, le vieux crapaud travaillait activement dans la vase, et ornait son édifice de fleurs jaunes et rouges, afin qu'il fût tout à fait digne de sa future bru. Puis, en compagnie de son vilain fils, il se rendit à la petite île de feuilles où Élise reposait.

Il venait y chercher son joli petit berceau afin de le placer dans la nouvelle chambre d'Élise avant qu'il l'y conduisît elle-même. Le vieux crapaud s'inclina respectueusement dans l'eau devant elle, puis lui présenta son fils en disant : « Voici mon fils qui va devenir votre mari et avec qui vous vivrez bien heureuse là-bas dans la vase ! »

« Couac ! couac ! breck kek ! » ce fut là tout ce que l'intéressant fiancé trouva à dire dans la circonstance.

Alors ils prirent tous deux le joli petit lit et partirent avec à la nage, tandis qu'Élise restait toute seule sur sa feuille, poussant de grands cris; car elle ne se réjouissait pas du tout de vivre désormais avec cet affreux crapaud, et bien moins encore d'avoir son odieux fils pour mari. Mais ne voilà-t-il pas que les petits poissons qui nageaient sous l'eau avaient vu le crapaud, et qui plus est, qu'ils avaient parfaitement entendu tout ce qu'il venait de dire! Ils élevèrent donc leurs têtes au-dessus de l'eau, afin d'apercevoir la charmante petite créature. A peine l'eurent-ils entrevue, que tous sans exception, se sentirent émus à l'aspect de tant de grâce et de beauté; et il leur parut bien dur qu'une si jolie fille devînt la proie d'un horrible crapaud.

Ils se rassemblèrent en conséquence autour de la tige verte de laquelle s'échappait la feuille où se trouvait Élise, et firent tous si bien avec leurs dents qu'ils l'eurent bientôt rompue en deux. Alors la feuille et Élise s'en allèrent bien loin, bien loin, portées par le courant là où le crapaud ne pouvait plus venir.

Et la jolie petite fille navigua de la sorte à travers une foule de villes et de villages. Et quand les oiseaux sur les arbres l'apercevaient, ils chantaient : « Oh ! quelle jolie petite fille ! » Mais la feuille pendant ce temps-là s'en allait, s'en allait toujours plus loin, plus loin. Élise fit ainsi tout un voyage dans les pays étrangers.

Pendant quelque temps un joli petit papillon blanc avait voltigé au-dessus d'elle. Il finit par se poser tout à fait sur la feuille, parce qu'il se plaisait beaucoup avec Élise, qui de son côté ne fut pas fâchée non plus de cette visite ; car le crapaud ne pouvait plus désormais venir près d'elle, et puis la contrée qu'elle habitait était si ravissante ! L'eau réfléchissait si bien les rayons du soleil qu'elle en avait tout le resplendissant éclat. Il vint alors à l'idée d'Élise de dénouer sa ceinture, puis d'attacher l'une de ses extrémités au papillon et l'autre à la feuille. Ce fut bientôt fait. Alors elle descendit le courant avec bien plus de rapidité encore, et vit de la sorte bien plus de pays qu'elle n'aurait pu en voir sans cela.

Mais survint tout à coup un hanneton qui

vous la prit avec ses longs bras passés autour de sa taille si svelte et si mignonne, et qui vous l'emporta au haut d'un arbre. Pendant ce temps, la feuille continuait à être emportée par le courant; et le papillon était obligé de la suivre, car il ne pouvait pas rompre son lien, tant Élise l'avait fortement attaché.

Hélas! quelle ne fut pas la terreur de la pauvre petite quand elle vit que le hanneton l'emportait vers l'arbre ! Mais elle n'éprouvait pas moins de chagrin au sujet du petit papillon. Elle savait qu'il devait infailliblement périr, à moins que quelque événement heureux ne l'arrachât à la feuille verte à laquelle il était attaché. Rien de tout cela ne produisait la moindre impression sur le hanneton, qui vous la plaça sur une grande feuille, lui donna un peu de miel à manger et lui dit qu'elle était charmante, quoiqu'elle ne ressemblât pas à un hanneton. Alors arrivèrent à l'envi tous les hannetons qui habitaient le même arbre; ils présentèrent leurs hommages à Élise et l'examinèrent des pieds à la tête. Pendant ce temps les jeunes hannetonnes retournaient leurs antennes en disant : « Comment ! elle n'a que deux jambes ! Oh ! que c'est laid ! » Et elles ajoutaient : « Mais c'est qu'elle n'a pas du tout d'antennes, et elle est aussi maigre de corps qu'un être humain ! Ah ! là, vrai, elle est hideuse à voir ! » et toutes mesdames les jeunes hannetonnes de répéter à l'unisson : « Ah ! elle est tout à fait hideuse ! » Et cependant Élise était si jolie ! C'était bien là aussi ce que pensait le hanneton ; mais à la fin, voyant que toutes les hannetonnes la trouvaient laide, il commença à le croire aussi, et résolut de ne plus s'occuper d'elle. « Qu'elle aille où elle voudra, » dit-il, et en parlant de la sorte il vola vers la terre avec elle et la déposa sur une marguerite. Alors la pauvre petite créature se prit à pleurer amèrement d'être si laide qu'un hanneton lui-même ne voulait plus avoir rien de commun avec elle. Pourtant, malgré l'opinion si tranchante émise par mesdames les hannetonnes, Élise était bien la petite créature la plus aimable, la plus ravissante qu'il y eût au monde, aussi belle, aussi délicate qu'une jeune feuille de rose.

Pendant tout l'été la pauvre petite fille vécut seule dans la grande forêt, et elle s'y fit elle-même un lit avec l'herbe la plus fine. Elle le suspendit à un rocher, sous une vigne vierge, afin qu'il ne fût point entraîné au loin par le vent et par la pluie. Elle recueillait pour sa nourriture le parfum des fleurs et buvait la fraîche rosée qui tous les matins couvre l'herbe. Tout l'été et tout l'automne se passèrent ainsi. Puis les oiseaux qui avaient fait entendre de si douces chansons à Élise la quittèrent et s'en allèrent bien loin. Les arbres perdirent leur vert feuillage ; les fleurs dépérirent, et la grande vigne sauvage qui jusqu'alors lui avait servi d'abri s'évanouit en une tige jaune et desséchée. La pauvre petite créature tremblait de froid, car maintenant ses vêtements étaient tout usés, et ses formes étaient si mignonnes, si délicates, qu'elle devait très-certainement finir par périr de froid. Il commença aussi à neiger, et chaque flocon qui la touchait était comme un immense monceau pour nous autres, car, vous vous en souvenez sans doute, tout son corps n'avait pas plus d'un pouce de longueur.

Tout près de la forêt où était Élise, se trouvait un champ à blé. Mais il y avait bien longtemps qu'on avait fait la récolte, et maintenant le chaume desséché s'élevait seul au-dessus de la terre. Cependant c'était encore là pour Élise une grande forêt, et elle s'y rendit. Elle atteignit de la sorte la demeure d'un mulot, qui se composait d'un petit trou sous le chaume. C'est là que demeurait le mulot; habitation commode et chaude, ayant un grenier tout rempli de provisions pour l'hiver, avec une jolie petite cuisine et une salle à manger sous la main. La pauvre Élise s'arrêta devant la porte, demandant l'aumône du moindre grain d'orge, car elle n'avait absolument rien mangé de la journée.

« Pauvre petite créature, dit le mulot qui avait très-bon cœur, venez dans ma bonne chambre chaude manger quelque chose. » Et Élise lui plut tellement qu'il ajouta : « Libre à vous de passer ici l'hiver avec moi si le cœur vous en dit. Votre unique occupation sera de tenir ma maison bien propre et bien nette, puis de me raconter des histoires; car, voyez-vous, j'aime à la folie entendre raconter des histoires. »

Élise fit ce que le mulot désirait, et pour récompense de sa peine, partagea son bien-être.

« Nous allons avoir une visite, » lui dit un jour le mulot, « mon voisin a l'habitude de me venir voir toutes les semaines. Il est bien plus riche que moi, car il a plusieurs chambres magnifiques, et il porte un habit du velours le plus resplendissant. Oh! si vous pouviez vous marier avec lui, vous vivriez à jamais dans l'abondance. Malheureusement il n'y voit pas trop clair. C'est la seule chose qui lui manque. Tâchez seulement de lui raconter les histoires les plus amusantes que vous pourrez. »

Mais Élise n'y voulut jamais consentir; elle ne pouvait pas souffrir ce voisin qui n'était autre qu'une taupe. Comme on s'y attendait, le voisin fut exact à venir présenter ses respects au mulot, et comme d'ordinaire il portait son bel habit de velours. Le mulot répéta qu'il était très-riche, parfaitement instruit, et que sa maison était vingt fois plus grande que la sienne. Il se peut qu'il fût très-savant; malheureusement le voisin ne pouvait pas endurer les rayons du soleil non plus que les fleurs, et parlait avec un égal dédain des uns et des autres, encore bien qu'il ne les eût jamais vus. Élise dut chanter devant la taupe, et elle lui chanta deux chansons : *Hanneton, vole! vole!* et *Ah! vous dirai-je, maman!* La taupe trouva la petite fille tout à fait à son goût à cause de sa belle voix ; mais elle se garda bien d'en rien faire paraître, car c'est un animal aussi prudent que sensible.

Elle avait tout récemment pratiqué une longue galerie souterraine conduisant de sa demeure à celle du mulot son voisin, et elle lui permit ainsi qu'à Élise d'y venir aussi souvent que cela leur conviendrait. Seulement elle leur recommanda de ne pas s'effrayer de l'oiseau mort qui s'y trouvait à l'entrée. C'était très-certainement un oiseau mort tout récemment, car il avait encore toutes ses plumes ; on eût dit volontiers qu'il avait été gelé exactement à l'endroit où la taupe avait placé l'entrée de son passage.

Le voisin mulot prit alors les devants pour éclairer le chemin à ces dames. Arrivé à l'endroit où gisait l'oiseau mort, il frappa le sol

avec son nez, de telle sorte qu'il se fit dans les
terres voisines un petit éboulement d'où résulta une grande brèche qui donna tout aussitôt passage à la lumière dans la galerie. Alors
Élise put voir très-distinctement l'oiseau mort :
— c'était une hirondelle. Ses jolies ailes étaient
pressées contre son corps, et ses pieds ainsi que
sa tête étaient tout couverts de plumes.

« Le pauvre oiseau sera mort de froid, » dit
Élise ; et le malheureux sort de ce petit animal
lui fit une vive peine, car elle aimait beaucoup
les oiseaux depuis qu'ils lui avaient fait entendre leurs chants pendant tout l'été.

Mais la taupe le repoussa durement du pied
en disant : « Enfin nous n'entendrons plus le
babillage de ce gaillard-là ! ce doit être en vérité
une chose bien terrible que d'être né oiseau ;
quant à moi, je remercie chaque jour le ciel
d'avoir permis qu'aucun de mes enfants ne devînt oiseau ! Quels stupides êtres ! Ils n'ont rien
au monde que leur éternel cuic ! cuic ! et puis
quand s'en vient l'hiver, il leur faut mourir ! »

« Oui, reprit le mulot, vous, personne si intelligente et si prévoyante, vous pouvez bien dire : quand vient l'hiver, un oiseau n'a plus rien que son gazouillement, et il lui faut alors périr misérablement de faim et de froid ! »

Élise garda le silence ; mais quand les autres eurent tourné le dos au pauvre oiseau mort, elle releva gentillement ses plumes, et baisa ses yeux tout fermés.

« Peut-être, dit-elle avec douleur, était-ce toi qui me chantais de si jolies chansons. Pauvre cher oiseau, combien de fois ne m'as-tu pas rendue gaie et heureuse ! »

A ce moment la taupe s'arrêta de nouveau à l'ouverture qui donnait passage à la lumière, puis elle reconduisit Élise et le mulot chez eux. Cependant Élise ne put pas fermer l'œil de toute la nuit. Elle se leva de bonne heure, tressa un abri en foin, le traîna jusqu'auprès de l'oiseau mort et l'en couvrit complétement afin qu'il eût plus chaud sur ce sol si froid. « Adieu, joli petit oiseau ! » lui dit-elle, « adieu ! Laisse-moi encore te remercier mille fois pour les joyeuses chansons que tu me faisais entendre cet été, quand les arbres étaient tout verts et lorsque le soleil dardait sur nous tous ses rayons si bienfaisants, si chauds! » Ensuite elle approcha sa petite tête de la poitrine de l'oiseau; mais elle tressaillit, car il lui sembla que tout mouvement n'y était pas encore éteint. C'était le cœur de l'oiseau. Il n'était pas mort, mais seulement engourdi; et maintenant qu'un peu de chaleur arrivait jusqu'à lui, il revenait à la vie.

En automne les hirondelles s'enfuient vers des contrées plus chaudes : et quand parmi elles il s'en trouve de plus faibles que les autres et que le froid les saisit, elles tombent sur le sol et y restent couchées comme mortes jusqu'à ce que la neige vienne les couvrir.

En voyant l'oiseau se relever, le premier mouvement d'Élise fut d'éprouver un peu de frayeur, car à côté d'elle c'était un vrai géant. Mais elle reprit bientôt ses esprits, pressa encore plus exactement l'abri en foin contre le petit animal épuisé, puis s'en alla lui chercher les feuilles de menthe desséchées qui lui servaient à elle-même de couverture, afin qu'il pût y reposer sa tête.

La nuit suivante elle se glissa de nouveau

vers l'oiseau qu'elle trouva tout à fait revenu à la vie, mais si faible encore qu'il pouvait seulement entr'ouvrir les yeux, et alors seulement pour regarder Élise.

« Je vous remercie mille fois, aimable petite enfant, lui dit l'hirondelle malade : je suis maintenant si complétement réchauffée que je ne tarderai pas à recouvrer mes forces et à me trouver en état d'aller regagner les chauds rayons du soleil. »

« Oh ! il fait bien trop froid dehors, » répondit Élise ; « il neige et gèle si dur ! consentez seulement à rester maintenant tranquille dans votre lit si chaud, et je vous promets de bien prendre soin de vous ! »

Elle apporta alors à l'oiseau sur une feuille de quoi boire, et celui-ci lui raconta comment il s'était blessé à l'aile contre un buisson d'épines, comment cet accident l'avait empêché de s'envoler avec tous ses camarades vers les pays chauds, et comment il était retombé épuisé sur le sol où il avait perdu toute conscience de lui-même.

La petite hirondelle passa là tout l'hiver.

Pendant ce temps, Élise lui rendit les soins les plus assidus, et de jour en jour s'attacha davantage à elle. Mais elle n'en dit pas un seul mot à la taupe non plus qu'au mulot, car elle savait bien que ni l'un ni l'autre ne pouvaient souffrir le pauvre oiseau.

Cependant, dès que vint l'été et que les chauds rayons du soleil pénétrèrent la terre, l'hirondelle dit adieu à Élise, qui maintenant avait ouvert au fond le trou par lequel la taupe laissait la lumière pénétrer dans la galerie souterraine. Le soleil brillait si radieux que l'hirondelle se retourna une dernière fois pour demander à Élise, sa chère petite nourrice, si elle n'était pas tentée de partir avec elle. Elle lui dit que rien ne lui serait plus facile que de se placer bien commodément sur son dos, et qu'elles regagneraient ainsi toutes deux la verdoyante forêt. Mais Élise pensa qu'elle causerait un vif chagrin au bon mulot, si elle partait ainsi en secret; et elle se crut obligée de refuser l'offre si bienveillante de l'hirondelle.

« Alors encore une fois adieu, ô vous douce et bonne jeune fille, » dit l'hirondelle; et elle prit son vol vers le soleil. Élise la suivit long-temps des yeux ; ses paupières étaient toutes chargées de larmes, car elle aimait beaucoup ce bon et gracieux oiseau.

« Cuic! cuic! » fit l'hirondelle; et elle disparut dans la forêt.

Maintenant Élise était tout entière à la tristesse, et il ne lui arrivait que fort rarement de quitter le trou obscur qui lui servait de refuge. Le blé s'élevait bien au-dessus de sa tête et formait une épaisse forêt tout autour de la demeure du mulot.

« A présent vous pouvez employer vos mois d'été à travailler à vos vêtements de noce, » lui dit un jour le mulot. Et en effet leur voisin, l'ennuyeuse taupe, s'était enfin décidé à demander Élise en mariage. « Je vous donnerai tout ce dont vous avez besoin, » ajouta le bon mulot, « afin que vous ne manquiez de rien quand vous entrerez en ménage avec la taupe. »

Alors Élise dut rester tout le long du jour activement occupée à mettre ses hardes en état, et le mulot prit à son service quatre araignées des plus habiles et leur fit tisser de la toile jour et nuit. Tous les soirs la taupe venait rendre sa visite, et elle ne manquait pas tous les soirs de souhaiter que l'été finît bientôt, et que la chaleur cessât, parce qu'une fois l'hiver venu son mariage serait célébré. Élise n'était pas du tout joyeuse d'entendre dire cela, car elle ne pouvait qu'à grand'peine se décider à jeter les yeux sur la laide taupe, malgré toute la richesse de son vêtement de velours. Soir et matin elle sortait un peu sur le pas de sa porte, et quand le vent, en écartant les épis, lui permettait d'apercevoir l'azur du ciel, il lui paraissait si beau dans son immensité, qu'elle souhaitait alors revoir encore une fois sa chère hirondelle : mais l'hirondelle ne venait jamais. Elle aimait bien mieux en effet se réjouir dans les vertes forêts, aux chauds rayons du soleil !

Quand vint l'automne, Élise avait préparé tout son trousseau.

« Votre noce aura lieu dans un mois, » lui dit le mulot. En l'entendant parler de la sorte, Élise ne put que pleurer, et elle déclara qu'elle ne consentirait jamais à épouser la stupide taupe.

«Fadaises que tout cela!» répondit le mulot. «Allons, voyons! ne faites pas l'obstinée et ne me forcez pas à vous mordre avec mes dents aiguës. N'est-ce pas là un excellent parti? Et une reine elle-même pourrait-elle nous montrer une robe de velours aussi belle que le vêtement de votre époux! sa cuisine et sa cave sont d'ailleurs parfaitement approvisionnées; et vous devriez plutôt remercier la Providence de vous avoir si bien pourvue. »

Ainsi la noce allait avoir lieu. Déjà la taupe était venue chercher Élise qui dorénavant devait vivre avec elle, bien profondément sous terre, là où les rayons du soleil ne pouvaient jamais pénétrer. La pauvre petite fille se sentait bien malheureuse d'être obligée de dire adieu pour toujours à son cher ami le soleil que tout au moins il lui avait jusqu'alors été donné d'entrevoir du pas de la porte de l'habitation du mulot.

« Adieu, soleil chéri! » s'écria-t-elle en levant les mains vers le ciel et en faisant quelques pas en dehors de la modeste demeure; car alors le blé avait encore une fois été récolté et elle se trouvait encore une fois au milieu du chaume dans les champs. « Adieu! adieu! » répéta-t-elle en jetant ses bras autour d'une fleur qui se trouvait à côté d'elle. « Saluez de ma part la gracieuse hirondelle, quand vous la verrez, ajouta-t-elle... »

« Cuic! cuic! » répétèrent au même instant les échos d'alentour; et, en levant les yeux, Élise aperçut sa chère petite hirondelle qui voltigeait par là. Dès que l'hirondelle reconnut Élise, elle aussi elle devint toute joyeuse, et se précipita aussitôt vers sa jolie petite nourrice qui lui raconta combien il lui répugnait d'épouser l'affreuse taupe, parce qu'il lui faudrait s'enfoncer et vivre sous terre, là où jamais le soleil ni la lune ne l'éclaireraient de leurs doux rayons; et tout en parlant de la sorte, elle fondit en larmes.

« Voyons! » lui dit l'hirondelle, « le froid hiver revient de nouveau, et je me dirige en ce moment vers les contrées plus heureuses où il est inconnu. Voulez-vous partir avec moi? je vous porterai volontiers sur mon dos. Il vous suffira de bien vous attacher à moi avec votre ceinture; de la sorte nous pourrons voler de conserve loin de cette maussade taupe et de sa sombre demeure, par-dessus montagnes et vallées, pour gagner les belles contrées où le soleil conserve toujours sa force, où l'été règne constamment, et où de magnifiques fleurs ne cessent jamais de s'épanouir. Allons, chère petite Élise qui m'avez sauvé la vie quand je gisais gelé sur la terre, prenez du courage et venez-vous-en avec moi. »

« Oui, je le veux bien, » s'écria joyeusement Élise. Elle monta alors sur le dos de l'hirondelle, plaça ses petits pieds sur les ailes déployées de l'oiseau, se lia par sa ceinture à une forte plume et partit avec l'hirondelle dans les airs par-dessus les bois et les lacs, les vallées et les montagnes. Élise souffrit souvent du froid quand il leur arrivait de franchir des glaciers et des pics couverts de neige; mais alors elle se cachait sous les ailes et au milieu du chaud duvet de l'oiseau, et elle ne passait la tête dehors que tout juste assez pour admirer le magnifique spectacle qui se développait de tous côtés à ses regards.

Enfin elles arrivèrent dans les pays chauds.
Le soleil y est bien plus radieux que chez nous,
le ciel bien plus élevé; les plus magnifiques
raisins blancs et noirs y croîssent le long des
haies; on y rencontre de tous côtés, dans les
bois, à portée de la main, des citrons et des
oranges bien mûrs, et l'air y était alors em-
baumé de la douce senteur du thym et du
myrthe, tandis que de beaux enfants cou-
raient çà et là et jouaient avec des papillons
aux vives et gaies couleurs. Cependant l'hirondelle s'en allait toujours, toujours plus loin;
et les contrées nouvelles qu'elle apercevait au-
dessous d'elle devenaient de plus en plus magnifiques. A côté d'un lac, sous un dôme formé
par de gracieux acacias, s'élevait un vieux
palais de marbre. Des pampres verdoyants entouraient amoureusement ses colonnes, et au
sommet de ces colonnes, à leurs chapiteaux,
étaient suspendus un grand nombre de nids
d'hirondelles; ce fut dans un de ces nids que
l'oiseau conduisit Élise.

« C'est ici que je demeure, lui dit-il, mais
choisissez pour habitation la plus belle des

fleurs qui croissent en bas, sur la terre. Je vous y conduirai, et vous y aurez tout ce dont vous pourrez avoir besoin. »

« Oh! que cela serait beau! » s'écria Élise, et elle se prit à battre des mains de joie.

A terre gisait étendue une grande colonne de marbre, que l'ouragan avait jadis renversée et brisée en morceaux; mais entre ses débris croissaient de jolies fleurs toutes blanches, les plus charmantes fleurs qu'on pût voir.

L'hirondelle vola vers l'une de ces fleurs avec Élise, et l'y déposa sur une large feuille. Jugez un peu de la surprise d'Élise en s'apercevant qu'au fond du calice de cette fleur se trouvait un tout petit homme, aussi beau, aussi transparent que du cristal. Il avait sur sa tête une gracieuse petite couronne, et à ses épaules de magnifiques ailes. Et avec tout cela, il n'était pas d'un brin plus grand qu'elle-même. C'était l'ange de cette fleur. Dans chaque fleur, voyez-vous, habite un de ces petits êtres; or celui-là était le roi de tous les anges des fleurs.

« Oh! regardez un peu comme ce roi est

donc beau! » dit Élise tout bas à l'oreille de l'hirondelle. L'arrivée de ce grand oiseau surprit un peu le prince; mais dès qu'il aperçut Élise, il devint aussitôt épris d'elle, car c'était bien la plus jolie petite fille qu'il eût encore vue. Alors il ôta sa couronne d'or de dessus sa tête et la plaça sur celle d'Élise; puis il lui demanda son nom, et si elle consentait à devenir sa femme, ajoutant que si elle accueillait favorablement sa demande elle serait la reine de toutes les fleurs. Ah! c'était là, je vous prie de le croire, un mari bien différent du fils de cet affreux crapaud que vous savez, et aussi de cette lourde et stupide taupe au magnifique vêtement de velours! Aussi, Élise répondit-elle oui au beau prince; et alors de toutes les autres fleurs sortirent soit un petit monsieur soit une petite dame, tous d'une beauté et d'une élégance merveilleuses, et qui s'en vinrent offrir des présents à Élise. Mais le plus utile de tous ceux qu'on lui donna en cette occasion, fut une paire d'admirables petites ailes blanches qu'elle s'attacha bien vite aux épaules; et alors, elle put désormais voltiger de fleur en fleur.

La joie et le bonheur régnaient dans toute l'assistance. L'hirondelle pendant ce temps-là était restée perchée sur le bord de son nid, et chantait du mieux qu'elle pouvait, quoiqu'à ce moment elle éprouvât assurément une peine bien vive. Elle aimait tant Élise qu'elle aurait voulu ne jamais la quitter.

« Adieu, adieu ! » cria alors la gracieuse petite hirondelle, et elle partit de nouveau des chaudes contrées pour s'en aller bien loin, bien loin, devers le petit royaume de Danemarck où elle bâtit son nid au-dessus de la fenêtre du bonhomme qui sait si bien raconter des histoires qu'il pourrait dire cuic! cuic! avant elle. Et c'est de cette même petite hirondelle que nous avons appris le merveilleux récit que vous venez d'entendre.

LE PETIT GARDEUR DE POURCEAUX.

LE PETIT GARDEUR DE POURCEAUX.

IL y avait une fois un pauvre prince. Ce pauvre prince avait à gouverner un royaume, qui, tout petit qu'il fut, était cependant encore assez grand pour lui permettre de se marier; or c'était là précisément ce qu'il avait l'intention de faire.

A coup sûr, il y avait quelque hardiesse de sa part à lever les yeux jusqu'à la fille de l'empereur, et à aller tout bonnement au fait en disant un beau jour et sans plus de façons:

« Voulez-vous de moi? » Mais c'est ce qu'il pouvait très-bien faire, parce que sa renommée s'était répandue fort au loin. Malgré cela, il y avait cent princesses qui l'auraient refusé net. Celle-ci en fit-elle autant? cela m'étonnerait fort. Au reste, nous verrons bien.

Sur le tombeau du père du prince croissait un rosier, mais un rosier comme il était impossible d'en rencontrer un pareil. Cet arbuste ne fleurissait que tous les cinq ans, et alors il ne portait qu'une seule fleur, pas une de plus. Cependant cette fleur sentait si bon, que, lorsqu'on en respirait le parfum, on oubliait aussitôt tous ses soucis et tous ses chagrins. En outre, le prince avait un rossignol qui chantait comme si son gosier avait recélé toutes les plus délicieuses mélodies. Il destinait cette rose et ce rossignol à la princesse ; aussi la fleur et l'oiseau furent-ils soigneusement placés dans de grandes boîtes d'argent et conduits en parfait état vers la charmante fille de l'empereur.

A l'arrivée de ces objets, l'empereur les fit apporter dans le grand salon où la princesse folâtrait et jouait aux quatre coins avec ses dames d'honneur. Quand elle aperçut les grandes boîtes et les présents qu'elles contenaient, elle battit des mains de joie.

« Si ce n'était qu'un petit chat maigre ! » dit-elle par réflexion. Mais aussitôt on vit apparaître le rosier avec sa belle et odorante rose.

« Oh ! que cette fleur est admirablement imitée, » s'écrièrent en même temps toutes les dames d'honneur.

« Elle est plus que jolie, dit l'empereur, elle est encore du plus haut prix. »

Mais la princesse ayant dirigé sa main vers le rosier pour le toucher, se mit tout aussitôt à crier :

« Oh ! voyez donc, cher papa, dit-elle, ce ne sont là ni une fleur ni un arbuste artificiels. Au contraire, c'est tout ce qu'il y a au monde de plus naturel. »

« Comment donc ! répétèrent les dames de la cour, mais c'est bien réellement un vrai rosier ! »

« Voyons d'abord ce que contient l'autre boîte avant de nous fâcher, » dit l'empereur : et alors apparut le merveilleux petit rossignol.

Oh! comme il chanta! C'est bien pour le coup qu'il était impossible de se fâcher.

« *Superbe! charmant!* » s'écrièrent de concert toutes les dames de la cour, car toutes parlaient français ; et on eût dit que parmi elles c'était à qui ferait plus de bruit que les autres.

« Comme cet oiseau me rappelle la boîte à musique que notre chère impératrice défunte avait habitude de garder toujours près d'elle! » dit un vieux chevalier d'honneur en poussant un profond soupir. « Oui! il a absolument le même son et la même manière de chanter. »

« Oh! oui certes! » reprit l'empereur; et il se mit à pleurer comme un enfant.

« Ils ne me feront pourtant jamais accroire que cet oiseau est un oiseau véritable! » dit la princesse d'un petit air maussade.

« Oui, assurément, c'est un oiseau véritable, » répondirent les gens qui l'avaient amené.

« Eh! bien, donnez-lui la clef des champs, » dit la princesse, car maintenant elle était bien décidée à ne pas accueillir son prétendant.

Mais le prince n'était pas homme à se décourager pour si peu de chose. Il se barbouilla la figure tout en noir et en brun, enfonça son bonnet tant qu'il put sur ses yeux, puis s'en vint hardiment frapper à la porte du palais.

« Bonjour, empereur, dit-il; puis-je entrer ici en service ? »

« Eh ! pourquoi pas ? » répondit l'empereur. « J'ai tout juste besoin en ce moment d'un homme pour garder mes porcs, car nous avons beaucoup de porcs ici. »

Et c'est ainsi que le prince fut formellement nommé à l'emploi de gardeur de pourceaux. On le conduisit en bas à une petite chambre située tout près de l'étable à cochons. C'est là que désormais il devait habiter. Il resta à l'ouvrage tout le long du jour, et quand vint le soir il avait fabriqué une petite chaudière toute garnie de petites clochettes. Dès que l'eau commençait à bouillir dans la chaudière, ces petites clochettes se mettaient en branle, rendaient un son argentin et jouaient la vieille et fameuse ballade :

> J'ai du bon tabac
> Dans ma tabatière !
> J'ai du bon tabac ;
> Mais tu n'en auras pas !

Mais le plus étonnant dans cette chaudière, c'est que lorsqu'on mettait le doigt au-dessus de la fumée qui en sortait, on sentait tout aussitôt la saveur de chacun des plats qui cuisaient à ce moment-là dans les différentes cheminées de la ville. C'était là, à coup sûr, quelque chose qui ne ressemblait guère à la jolie petite rose naturelle que vous savez.

Or, la princesse s'en vint se promener de ce côté avec ses dames d'atour; et quand elle entendit cette jolie musique, elle s'arrêta et parut extrêmement charmée, car précisément elle savait jouer cet air là : c'était même le seul qu'elle connût, et elle avait habitude de le jouer très-aisément rien que d'un seul doigt.

« Écoutez! dit-elle, voilà justement le morceau que je joue. Il faut que ce jeune porcher soit fort bien élevé. Écoutez-moi. Qu'on descende à l'étable à cochons, et qu'on lui demande combien coûte son instrument. »

Une des dames de la cour fut donc obligée de faire comme la princesse venait d'ordonner, et de descendre dans la sale étable à cochons. Elle eut soin toutefois de mettre d'abord des sabots de bois sur ses jolis souliers rouges, afin qu'ils ne fussent pas gâtés.

« Combien voulez-vous avoir pour votre chaudière? » demanda sans plus de façon la dame d'honneur.

« Rien que dix baisers de la princesse, » repartit le petit gardeur de pourceaux.

« Fi! quelle insolence! » s'écria la dame, en proie à une vive frayeur.

« Ah! mon Dieu! je ne la lâcherai pas à moins, et assurément à ce prix elle est encore à bon marché, » dit le jeune gardeur de pourceaux, avec l'aplomb d'un artiste émérite.

« Il n'est pas mal grossier en vérité! » pensa la princesse, quand elle reçut une réponse à laquelle elle s'attendait si peu ; puis elle s'éloigna. Mais à peine eut-elle fait quelques pas, que les petites clochettes de la chaudière rendirent des sons bien plus beaux encore qu'auparavant; de sorte qu'elle ne put s'empêcher de fredonner d'unisson avec elles :

> J'ai du bon tabac
> Dans ma tabatière!
> J'ai du bon tabac;
> Mais tu n'en auras pas!

« Écoutez, dit la princesse. Allez-vous-en lui demander s'il accepte dix baisers donnés par mes dames d'honneur. »

« Non ! je vous suis bien obligé, » répondit tout de suite le jeune gardeur de pourceaux : « dix baisers de la princesse, ou pas de chaudière ! »

« Que c'est donc bête à lui ! » dit la princesse en soupirant ; puis rassemblant résolûment tout son courage : « Eh bien, ajouta-t-elle, vous formerez avec vos corps fidèles un cercle autour de moi, pour que personne ne me voie, car réellement c'est peu convenable. Mais que voulez-vous ? il me faut cette petite chaudière à quelque prix que ce soit. »

En conséquence quand le gardeur de pourceaux arriva à l'endroit où se trouvait la princesse, ses dames formèrent un cercle autour d'elle, étendant leurs robes du mieux qu'elles purent. Derrière cette étrange espèce de paravent le petit gardeur de pourceaux reçut alors les dix baisers de la charmante fille de l'empereur, qui, de son côté, prit enfin possession de la chaudière.

Quelle joie ce fut pour elle! Il fallut, pendant toute la soirée et pendant toute la journée suivante, tenir de l'eau bouillante dans cette chaudière. Et il n'y avait pas dans toute la ville une seule cheminée, un seul foyer, sans qu'elle sût ce qu'on y cuisait, que ce fût dans la maison du grand chambellan ou dans celle d'un savetier. Les jeunes dames de la cour, et avec elles toutes les femmes de service, dansaient de joie en battant des mains.

« Nous savons, disaient-elles, qui mange aujourd'hui de la soupe à la tortue et du plum-pudding, du haricot de mouton ou des grillades de lard. Oh! quel bonheur! que cela est amusant! » ajoutaient-elles toutes ensemble au comble de la joie.

« Oui! mais gardez-vous bien d'en dire un seul mot, car je suis la fille de l'empereur, dit la jeune princesse en leur recommandant d'être bien prudentes à cet égard, tandis qu'en même temps elle se sentait la plus heureuse femme du monde, puisque enfin elle possédait le précieux petit chaudron.

« Oh! soyez tranquille! s'écrièrent-elles

toutes d'une voix. Pendant tout ce temps-là néanmoins, le rusé petit gardeur de pourceaux, ou le prince déguisé (mais tout ce que savait de lui le peuple, c'est qu'il n'était alors réellement qu'un humble gardeur de pourceaux), se promettait bien de ne point laisser passer la journée sans inventer quelque chose de nouveau. Ainsi, la première chose qu'il fit ensuite fut de fabriquer une crecelle qui, pour peu qu'on la fît tourner sur elle-même, jouait toutes les contredanses et toutes les valses connues depuis l'origine du monde jusqu'alors.

Un beau jour la princesse repassa par le même endroit. « En vérité, c'est superbe ! s'écria-t-elle au comble de la joie. Je n'ai jamais encore entendu de si délicieuse musique. Allons! Cunégonde, — non, Féodora, ce sera vous cette fois qui exécuterez ma commission. Demandez au petit artiste combien coûte cet instrument ; — mais surtout qu'il ne soit plus question de baisers ! »

« Il en demande cent baisers de Votre Altesse. » telle fut la réponse que rapporta la dame d'honneur.

« Il est fou, je pense, » s'écria la princesse, et elle continua son chemin. Mais cette fois encore, elle eut à peine fait quelques pas en avant qu'elle s'arrêta : « Il faut, dit-elle, que nous encouragions les arts. Peu importe que je sois la fille de l'empereur! Allez lui dire qu'il aura de moi dix baisers, juste ce qu'il a déjà reçu l'autre jour. Il faudra qu'il se contente de recevoir le reste de mes dames d'honneur. »

« Oh! non, nous ne voudrions pas de cela du tout! » se hasardèrent à dire les dames d'atour.

« Ne dites donc pas de pareilles sottises, » reprit la princesse. « Du moment que je l'embrasse, vous le pouvez bien aussi. Oubliez-vous donc que je vous nourris et que je vous paye? » Alors il fallut que la messagère de la princesse descendît encore une fois à l'étable à cochons.

« Cent baisers de la princesse, ou nous gardons chacun notre bien, » répondit imperturbablement le gardeur de pourceaux. Et sa réponse fut encore rapportée à la princesse.

« Eh bien, prenez vos places et formez le

rond ! » tel fut l'ordre de la princesse. Les dames obéirent et se mirent en cercle autour de leur capricieuse maîtresse; et alors les cent baisers commencèrent...

« Ah çà! qu'est-ce que c'est donc que tout ce tapage, tout ce vacarme, que j'entends là-bas? » dit l'empereur, qui s'arrêta par hasard à ce moment sur le perron. Il se frotta les yeux et mit ses lunettes sur son nez. « Ah! je vois, continua-t-il, ce sont les dames de la cour, occupées, suivant leur habitude, à batifoler. M'est avis pourtant que les choses vont un peu trop loin. En vérité, il faut que je me donne la peine de descendre et de voir ce qu'il faut faire pour les ramener à l'ordre. »

Tout en parlant de la sorte, il releva sous ses talons les quartiers de ses pantoufles. — Le fait est que ç'avaient été autrefois de beaux souliers de gala, à quartiers très-élevés, et qui, maintenant, dans un état fort avancé de dégradation et de dépérissement, rendaient leurs derniers services à Sa Majesté Impériale sous forme de pantoufles.

Oh! vous auriez bien ri de voir le bon

homme descendre l'escalier en grande hâte! Dès qu'il fut arrivé dans la cour, il se glissa tout doucement le long de la muraille; et les dames de la cour étaient si occupées à compter les baisers et à empêcher qu'il n'y eût quelque tricherie au jeu, que pas une d'elles ne vit venir l'empereur : de sorte qu'il se trouvait à ce moment tout à côté d'elles, se tenant sur la pointe des pieds pour mieux voir l'étrange scène qu'il avait devant lui.

« Qu'est-ce que cela? » dit-il tout à coup, en reconnaissant à sa grande horreur qu'on n'en finissait pas de donner des baisers dans ce groupe bruyant. Alors, emporté par un juste sentiment d'indignation, il jeta sa pantoufle à la tête de sa fille, juste au moment où l'effronté gardeur de pourceaux recevait de la bouche de la princesse son quatre-vingt-seizième baiser. « Sortez d'ici, sortez d'ici! » s'écria l'empereur, hors d'état de retenir plus longtemps sa juste fureur. Et la princesse, ainsi que le petit gardeur de pourceaux, se trouvèrent de la sorte expulsés à jamais de son royaume.

La belle princesse était là gémissant et pleurant si fort que ses yeux bleus en étaient devenus tout rouges. Pendant ce temps-là, le gardeur de pourceaux se moquait d'elle, et la pluie tombait du ciel par torrents.

« Oh! malheureuse créature que je suis! » s'écria alors la fille de l'empereur en sanglotant, et toute désorientée comme si elle était tombée là des nues. « Que n'ai-je pris ce fils de roi, si poli, si honnête, qui demandait ma main si humblement! O ciel! suis-je donc malheureuse! »

A ce moment le petit gardeur de pourceaux alla se cacher derrière un arbre. Il enleva tout le noir et le brun qui lui couvraient le visage, puis se montra encore une fois dans ses beaux vêtements de prince, avec un air si charmant, si aimable, que la princesse ne put s'empêcher de lui faire une foule de politesses.

« Je ne puis que vous mépriser, » lui dit-il alors en lui tournant le dos. « Vous n'avez pas voulu d'un prince honnête et loyal. Vous avez traité avec dédain la rose et le rossignol; et pour l'amour d'un misérable jouet, vous avez pu embrasser à bouche que veux-tu le petit gardeur de pourceaux. Voyez un peu ce que vous y avez gagné ! »

Après avoir ainsi parlé, il s'en retourna tout droit dans son royaume, et il eut grand soin de refermer la porte de son palais après lui. C'est alors que la fille de l'empereur put chanter tant qu'elle voulut :

> J'ai du bon tabac
> Dans ma tabatière !
> J'ai du bon tabac ;
> Mais tu n'en auras pas !

LA MALLE VOLANTE.

LA MALLE VOLANTE.

Dans une ville qu'il serait peut-être bien difficile, à l'heure qu'il est, de trouver sur la carte, demeurait autrefois un marchand. Ce marchand était si riche qu'il eût pu paver rien qu'en beaux et bons écus la rue tout entière où était située sa maison, avec la ruelle voisine par-dessus le marché. Mais il n'avait garde de le faire. Oh! non, il savait bien mieux tirer parti de son argent; et quand il lui arrivait de dépenser un sou, ce n'était jamais qu'avec la certitude de gagner au moins un écu. Oh ! l'habile marchand que c'était là en vérité ! cependant, il finit par mourir.

Alors toutes ses richesses passèrent à son fils qui se mit à mener joyeuse vie. Il allait tous les soirs au bal ou en soirée, faisait des cocottes et des cerfs-volants avec des billets de banque, puis de temps à autre, par manière de plaisanterie, passait des heures entières à faire des ricochets sur la tranquille surface de la pièce d'eau qui s'étendait sous ses fenêtres, avec de belles pièces d'or en guise de petits palets. A ce jeu-là, il n'était pas surprenant que son argent diminuât à vue d'œil : et c'est effectivement ce qui lui arriva. En fin de compte il en vint un beau jour à ne plus posséder au monde qu'une pièce de dix sous et à n'avoir pour unique vêtement qu'une vieille robe de chambre et une paire de pantoufles. Tout naturellement alors ses amis cessèrent de se soucier de lui le moins du monde, car ils auraient rougi d'être aperçus avec lui dans la rue. L'un d'eux cependant, assez bon diable au fond, lui envoya un jour une vieille malle avec le conseil d'y empaqueter ses effets, puis de s'en aller avec bien loin et aussitôt que possible. C'était bel et bon, et surtout bientôt dit; malheureusement notre pauvre étourdi n'avait plus rien à fourrer dans cette malle : ce que voyant, il s'avisa de s'y placer lui-même.

C'était au reste une singulière machine que cette malle, car il suffisait d'en presser la serrure, pour qu'elle s'enlevât dans les airs. C'est précisément ce qui arriva alors à notre jeune homme qui se sentit tout à coup entraîné vers le ciel, bien au-dessus des nuages, comme s'il se fût trouvé dans la nacelle d'un ballon. Et il continuait toujours, toujours, à monter; souvent de violents craquements se faisaient entendre au fond de la malle, et notre navigateur aérien de trembler alors que son navire ne se brisât en deux. Je vous laisse à penser le joli saut qu'il eût fait si pareille chose lui était advenue. Tout se passa cependant sans accident, et notre jeune homme finit par arriver de la sorte, dans le pays des Turcs. Après avoir caché soigneusement sa malle sous un tas de feuilles sèches, il se dirigea résolûment vers la ville près des portes de laquelle il avait été déposé d'une si étrange façon. Il ne risquait rien en agissant ainsi, car tous les Turcs qu'il rencontrait se promenaient comme lui en robe de chambre et en pantoufles.

Tout en marchant vers la ville, il rencontra une nourrice avec un petit Turc dans ses bras.

« Ho hé! bonne femme! lui dit-il, à qui donc appartient ce palais, tout près de la ville, avec des fenêtres si grandes et si hautes? »

« C'est le palais où demeure la fille du roi, répondit cette femme ; il lui a été prédit qu'elle aurait un jour grandement mal au cœur à cause d'un amoureux. C'est ce qui fait que personne ne peut la voir à moins que le roi et la reine ne soient là. »

« Merci mille fois, » repartit le fils du marchand, et il retourna en toute hâte à la forêt. Se placer de nouveau dans le fond de sa malle, s'élever dans les airs, redescendre sur le toit du palais, puis pénétrer par la fenêtre dans la chambre de la princesse, tout cela fut pour lui l'affaire de quelques instants seulement.

La princesse dormait étendue sur un sofa.

Elle était si admirablement belle qu'il ne put pas s'empêcher de la baiser au front. Elle se réveilla tout effrayée, mais il lui dit qu'il était envoyé par le prophète des Turcs et qu'il était descendu du haut des airs pour l'honorer de sa présence. La princesse ne trouva rien à redire à cela.

Ils s'assirent donc l'un près de l'autre, et se mirent à causer fort agréablement. Il lui raconta alors une foule d'histoires. Oh! les délicieuses histoires en vérité que c'était! il lui adressa ensuite un beau discours bien fleuri par lequel il priait la belle princesse de daigner lui accorder sa main. A quoi celle-ci répondit tout de suite : « Oui! »

« Mais, ajouta-t-elle, il faut que vous reveniez me voir samedi prochain, à six heures très-précises du soir. Le roi et la reine viendront à cette heure-là prendre le thé chez moi. Ils seront sans aucun doute extrêmement flattés d'apprendre que j'ai pour mari un messager du prophète. Mais, mon cher ami, ayez bien soin de vous précautionner de quelque bon et joli conte pour nous amuser; mes parents, voyez-vous, raffolent de contes et d'histoires. Ma mère préfère le genre sérieux; quant à mon père, il lui faut quelque chose de gai, quelque chose qui le fasse rire de bon cœur. »

« Soyez tranquille, je leur apporterai un joli conte : ce sera mon seul cadeau de noces, » lui répondit-il en lui donnant un dernier baiser. Ils prirent alors réciproquement congé l'un de l'autre, mais avant son départ, la princesse attacha à sa ceinture un sabre de la plus grande richesse et dont le fourreau était tout garni de belles pièces d'or. Or, c'était précisément de belles pièces d'or qu'il manquait le plus pour le moment.

Il s'envola loin du palais, s'acheta une robe de chambre neuve, et quelques heures après il était de retour dans le bois, occupé à imaginer quelque jolie histoire pour le samedi soir; or il s'aperçut que cela n'était pas chose très-facile.

Enfin après avoir longtemps réfléchi, tantôt à ceci et tantôt à cela, il en vint à croire qu'il se tirerait parfaitement d'embarras; et le samedi, juste au moment où six heures sonnaient à l'horloge, ce fut effectivement ce qui lui arriva.

Le roi, la reine et toute la cour prenaient le thé dans la chambre de la princesse. Le bizarre prétendant fut reçu très-poliment.

« Ah çà! lui dit la reine quand le thé fut fini, vous nous raconterez bien une histoire, n'est-ce pas? je vous en prie, qu'elle soit aussi sérieuse qu'instructive. »

« Non pas! reprit bien vite le roi, dites-nous-en une qui nous fasse au contraire rire à nous en tenir les côtes. »

« C'est très certainement ce que je vais faire, » répondit l'étranger; et il commença en ces termes, après n'avoir toussé que trois fois au plus :

HISTOIRE.

« Il était une fois une botte d'ALLUMETTES qui toutes crevaient d'orgueil dans leur peau, elles se croyaient en effet de la plus haute lignée. L'arbre leur grand-père, c'est-à-dire le sapin gigantesque dont chacune d'elles n'était qu'un fragment presque imperceptible, avait été jadis l'un des arbres les plus grands et les plus gros d'une forêt du nord. Mais ces allumettes étaient à cette heure à côté d'un très-modeste feu de cuisine, entre un vieux pot de fer et une boîte contenant de l'amadou, des pierres à feu et un briquet; et elles leur racontaient les plus mirobolantes histoires sur les jours de leur enfance. « Oui, leur disaient-elles, quand nous étions verdoyant rameau, c'était alors le bon temps pour nous! soir et matin nous avalions une bonne tasse de thé de premier choix : c'était la rosée. Tout le long de la journée nous avions les rayons du soleil, pour peu qu'il ne fût pas caché par des nuages, et tous les petits oiseaux avaient ordre de nous amuser en nous chantant de joyeuses chansons ou bien en nous racontant de touchantes histoires. Il nous était facile aussi de nous apercevoir que nous étions riches; car les arbres à feuilles ne revêtent un costume décent que pendant les mois d'été. Notre famille au contraire conservait pendant les plus rudes hivers sa magnifique garde-robe verte, que ni vents, ni gelées, ne pouvaient déchirer. Enfin, au milieu de cet heureux genre de vie, survinrent les bûcherons : ce fut là une terrible révolution qui brisa et dispersa toute notre famille. Notre puissant père fut réduit à accepter une place de grand-mât à bord d'un magnifique vaisseau, capable de faire le tour du monde pour peu qu'il lui en prît fantaisie ; les autres branches de notre famille durent s'en aller chacune de leur côté, et c'est à nous qu'est échue la tâche ennuyeuse, quoique des plus honorables, de procurer de la lumière à la foule. Voilà pourquoi vous nous voyez, nous autres filles si bien nées, si comme il faut, confinées dans une obscure cuisine. »

« Quant à moi, dit à son tour le Pot de fer près du quel se trouvaient les allumettes à soufre, mon sort a été bien différent du vôtre. Du premier moment où je suis entré dans ce monde, on n'a fait que me placer presque continuellement sur le feu, et on ne m'en retirait que pour m'y remettre l'instant d'après. Moi, voyez-vous, j'aime avant tout le solide. Mon unique plaisir consiste à reposer après dîner, bien propre, bien luisant, sur la planche, et à causer là de bonne amitié avec mes camarades les marmites et les casseroles, quoique, à l'exception du COQUEMAR qui descend quelquefois dans la cour, nous vivions ici plus retirés que dans un cloître. Notre seul nouvelliste est le PANIER DE MARCHÉ; mais il fait tant de bavardages sur le compte du gouvernement et sur celui du peuple, que, tenez, rien qu'avant-hier, une vieille marmite toute saisie de frayeur en entendant ses récits, en est tombée à terre et s'est brisée en morceaux. »

« Vous parlez trop fort, dit alors en manière d'avis la BOITE D'AMADOU; et on entendit à ce moment le BRIQUET et la PIERRE A FEU se heurter avec tant de force qu'il en jaillit des étincelles comme pour dire: Ah! l'amusante soirée que nous allons avoir! »

« Causons encore un peu, reprirent les ALLUMETES, et voyons à décider qui de nous est le plus noble. »

« Oh! non, répondit le PLAT DE TERRE, je n'aime pas à parler de moi. Amusons-nous plutôt ce soir en commun. Je commencerai, moi, et chacun de nous racontera à son tour aux autres ce qu'il a vu et ce qui lui est arrivé. De la sorte, nous pourrons tous nous amuser rien qu'en pensant à ce que nous eussions fait dans la même situation. C'est là le seul vrai plaisir qu'il y ait à entendre raconter des histoires.

« Or donc, sur les rives de la Baltique, à l'ombre des magnifiques forêts de hêtres qui s'élèvent sur le sol plantureux du Danemarck... »

« L'admirable commencement! s'écrièrent toutes les Assiettes à la fois, ce sera là très-certainement une histoire à notre goût! »

« Oui, c'est là, continua le Plat de terre, que s'écoula ma jeunesse au sein d'une famille tranquille. Tous les meubles, tous les ustensiles du ménage étaient si luisants de propreté qu'on pouvait se mirer dedans. Tous les matins, le plancher de sapin, fait avec des planches bien droites, bien unies, bien blanches, était soigneusement savonné, lavé, essuyé; et tous les quinze jours régulièrement, on ôtait les rideaux des fenêtres pour en remettre de propres. »

« Dieu! l'amusante histoire, interrompit le Balais a tapis. On dirait que c'est une dame qui parle, tant il y a de propreté dans tout cela. »

«C'est, ma foi, vrai»! dit d'un ton d'affirmation le COQUEMAR : et il se prit à sautiller de joie, puis l'on entendit un tout petit bruit contre la terre.

Et le plat continua son histoire dont la fin ne trompa en aucune manière les promesses du commencement.

Toutes les ASSIETTES dans le ravissement faisaient du bruit en s'agitant l'une contre l'autre. Le BALAIS DE CRIN prit des brins de persil dans le tas aux ordures et en couronna le plat, sachant bien qu'en agissant de la sorte, il vexerait les autres. Puis, se dit-il à lui-même, si je le couronne aujourd'hui, il me rendra la pareille demain! »

« Allons! dansons un peu, maintenant, dirent les PINCETTES : et au même instant elles se mirent en branle. Oh! le ravissant spectacle que cela faisait, je vous jure. Elles vous levaient la jambe en l'air bien plus haut et avec bien plus de grâce que mademoiselle Elssler! La vieille CHAISE DE CUISINE se prit dans son coin à éclater de rire à cette vue.

« Ah çà! s'écrièrent les Pincettes, est-ce qu'on ne nous couronnera pas aussi, nous? »
Et on les couronna.

« Fi! que ces gens-là ont mauvais ton! On voit bien d'où ils sortent! » pensèrent les Allumettes.

La compagnie pria alors la Fontaine a thé de chanter un peu; mais celle-ci s'excusa en alléguant qu'elle était enrhumée et qu'elle ne pouvait chanter que lorsqu'elle bouillait. En cela, elle ne voulait que se donner des airs. Le fait est qu'elle ne daignait jamais se faire entendre que lorsqu'il y avait grande et belle compagnie au salon.

Près de la fenêtre se trouvait une vieille Plume tout émoussée, avec laquelle la cuisinière écrivait ses mémoires. Elle n'avait rien de bien remarquable, si ce n'est qu'elle avait été plongée trop avant dans l'encre. Cela suffisait cependant pour lui inspirer une très-haute idée d'elle-même et pour justifier à ses yeux les grands airs qu'elle affectait.

«Messieurs et dames, dit-elle, si la Fontaine a thé refuse de nous chanter quelque chose, n'insistons pas davantage et laissons la tranquille dans son coin. Voilà, dans la cage suspendue en dehors de la fenêtre, un rossignol qui ne la suppléera peut-être pas trop mal. Sans doute on ne lui a jamais appris une note de musique à l'école; mais nous saurons bien ce soir être indulgents et bienveillants. »

« Non! interrompit la Bouilloire, la plus grande virtuose de toute la cuisine et assez proche parente de la Fontaine a thé, il y aurait à mon avis inconvenance extrême de notre part à prêter l'oreille à un aussi bizarre oiseau que celui-là. Serait-ce du patriotisme, je vous le demande un peu? Que le Panier de marché personne d'expérience si jamais il en fut, nous dise ce qu'il en pense. »

« Quant à moi, répondit le Panier de marché je ne vous dissimulerai pas que je suis vexé, horriblement vexé; est-ce que cela peut s'appeler passer une soirée, ça ? Ne vaudrait-il pas bien mieux nous amuser à mettre ici tout sens dessus dessous? Chacun alors retrouverait bien vite la place qui lui convient. Je m'offre volontiers, moi, pour mener le quadrille. Oh!

nous allons joliment nous divertir, je vous en réponds.

« Oui ! c'est cela ! s'écrièrent-ils tous d'une voix, faisons du vacarme. »

A ce moment la porte s'ouvrit. C'était la cuisinière qui entrait, et aussitôt Pot, Coquemar Balais, Bouilloire, Fontaine a thé de rester cois. Pas un n'osait ouvrir la bouche et dire un mot de plus. Cependant, il n'y avait pas dans toute la cuisine de pot si petit, d'ustensile si grossier, qui ne fût capable de raconter, lui aussi, les merveilles qu'il se ferait fort d'accomplir au besoin, et de prouver combien il était de bonne maison.

« Oui, se disait à lui-même chacun d'eux, si on m'avait choisi, nous nous serions à coup sûr bien autrement amusés ! »

La cuisinière prit les allumettes et les enflamma. Oh ! comme elles craquèrent et pétillèrent ! Oh ! la belle flamme bleuâtre et jaunâtre qu'elles projetèrent !

« Maintenant du moins, pensèrent-elles, tous ces imbéciles là doivent bien reconnaître que c'est à nous que revenait le premier rang. Quel éclat nous jetons ! La belle lumière que nous donnons ! » Et tout en parlant de la sorte, elles se trouvèrent réduites en cendres.

———

« La charmante histoire en vérité ! » dit alors la reine. « J'ai cru un instant que j'étais dans la cuisine avec les allumettes. Topez là, voilà qui est dit ! Maintenant vous aurez notre fille ! »

« Sans doute, ajouta le roi en hochant de la tête d'un petit air de satisfaction. Lundi nous vous donnerons notre fille ! »

Voilà donc le jour des noces fixé ; et la veille, toute la ville fut spontanément illuminée par les habitants. Il plut des biscuits et des macarons sur la foule en liesse et qui les ramassait avec avidité. Les polissons des rues grimpaient dans les arbres, criaient Vive le roi ! et sifflaient entre leurs doigts. Ça faisait en vérité un spectacle magnifique !

« Maintenant, se dit le fils du marchand, il faut que j'imagine encore quelque chose pour donner, s'il est possible, plus de splendeur à la fête. » Il acheta alors un grand nombre de fusées volantes, de pétards, de chandelles romaines, enfin tout ce qu'il y avait de mieux en fait de pièces d'artifice. Il vous plaça tout cela dans sa malle et s'envola avec dans les airs.

Les pièces d'artifice partirent, et je vous laisse à penser les bruyantes détonations, les éblouissantes lumières que cela fit! Tous les Turcs, à cette vue, se mirent à sauter de joie, tellement que leurs pantoufles en rendirent des sifflements qui parvenaient jusqu'à leurs oreilles. Jamais en effet il ne leur avait encore été donné d'apercevoir pareil spectacle dans les airs.

Dès que le fils du marchand fut redescendu dans la forêt avec sa malle, il résolut d'aller incognito se promener jusqu'à la ville pour savoir l'effet qu'y avait produit son feu d'artifice. C'était assurément bien naturel de sa part.

Oh! les récits étonnants qu'on lui fit alors dans le peuple. Chacun de ceux qu'il questionnait avait vu les choses à sa manière; mais tous s'accordaient à dire que ça avait fait un spectacle de toute beauté et à nul autre comparable.

« J'ai vu le mari de la princesse lui-même, disait l'un, il avait des yeux qui brillaient comme des étoiles, avec une belle barbe qui ressemblait à une chute d'eau écumeuse. »

« Il s'est envolé dans un magnifique manteau, criait un autre, et, pendant ce temps-là, les plus jolis petits anges qu'on puisse voir se jouaient dans les replis lumineux de son manteau. »

Tels furent, et bien d'autres encore, les glorieux récits qu'il recueillit de la bouche même du peuple enthousiasmé; or c'était précisément le lendemain que devaient avoir lieu ses noces.

Il se hâta alors de revenir dans l'ombreuse forêt à l'effet de reprendre sa place dans la merveilleuse malle. Mais elle n'y était plus. Voici ce qui était arrivé : elle était brûlée! Il y avait par mégarde laissé tomber une étincelle des feux d'artifice : le bois très-sec dont elle était construite s'était peu à peu enflammé, et la malle était maintenant réduite en cendres. Le malheureux fiancé ne put plus s'envoler ni retourner jamais auprès de son amante.

Celle-ci l'attendit sur le toit tout le jour suivant. Elle l'y attend même encore en ce moment, pendant que lui, l'infortuné! il parcourt le monde sans pouvoir trouver de gîte nulle part, et racontant ses histoires à tous les passants; mais il s'en faut bien qu'elles soient aussi jolies, aussi amusantes que celle des allumettes soufrées.

LE JARDIN DU PARADIS.

LE JARDIN DU PARADIS.

Il était une fois, il y a bien longtemps de cela, un fils de roi qui possédait beaucoup plus de beaux livres que qui que ce soit au monde. Il avait appris en lisant tout ce qui avait jamais pu se passer autrefois, et les magnifiques tableaux qu'il possédait le lui retraçaient tous les jours, de sorte qu'on pouvait dire que cela se passait sans cesse encore une fois pour lui. Il lui avait été fort aisé de s'instruire sur les diverses contrées de la terre et aussi sur les nations qui les habitent. Mais où était situé le jardin du paradis? Voilà, hélas! une question au sujet de laquelle pas le moindre mot ne se trouvait écrit dans ses livres. Or, ce lieu inconnu de bonheur, cette terre promise qu'il espérait tant voir quelque jour, était précisément ce à quoi il pensait le plus et ce qu'il désirait le plus ardemment.

Quand il n'était encore qu'un tout petit enfant, alors précisément qu'il était allé pour la première fois à l'école, sa grand'mère lui avait bien souvent parlé de ce grand et beau jardin du paradis; et depuis, elle lui avait maintes fois dit que chaque fleur de ce jardin était bien le plus excellent gâteau qu'il pût imaginer, comme aussi la petite poussière qui se trouvait dans ces fleurs le vin le plus délicieux. Elle ajoutait que sur telle fleur on voyait écrite l'histoire tout entière, sur telle autre la géographie ou bien encore la table de multiplication : bref, disait-elle, il n'aurait qu'à manger de ces gâteaux (en les choisissant, bien entendu, de grandeur convenable) pour savoir toutes ses leçons par cœur; et plus il en mangerait, plus il apprendrait d'histoire, de géographie et d'arithmétique.

Et alors il croyait tout cela; mais lorsque avec les années il devint plus vieux, lorsqu'il apprit davantage et devint plus savant, il comprit fort bien qu'il devait y avoir dans le jardin du paradis des choses glorieuses d'un tout autre genre.

« Oh! disait-il en soupirant, pourquoi Ève cueillit-elle à l'arbre de science le fruit défendu, et pourquoi Adam y goûta-t-il? J'aurais voulu être à sa place; certes alors ce ne serait pas arrivé, et le péché ne se serait pas si audacieusement glissé ici-bas. »

C'était ce qu'il se disait déjà dans ce temps-là, et il se le disait encore maintenant qu'il était arrivé à l'âge de soixante-dix ans. Le jardin du paradis, tel avait été, tel était encore le but de toutes ses pensées, l'objet de tous ses rêves.

Un jour il errait au hasard dans la forêt et se promenait tout seul, car c'était là son plus grand plaisir. Le soir, avec son mystérieux crépuscule, l'y surprit : bientôt les nuages s'amoncelèrent les uns sur les autres comme des

montagnes. Survinrent des torrents de pluie.
On eût dit que le ciel tout entier n'était qu'une
grande écluse donnant issue à une immense
et continue cataracte. Il faisait aussi sombre
que, en pleine nuit, au fond du puits le plus
profond. Tantôt son pied glissait sur l'herbe
mouillée, tantôt il se heurtait contre les pierres
aiguës qui rendaient la marche si pénible sur
ce sol hérissé de rochers. Tout ruisselait d'eau,
et le pauvre prince n'avait plus sur lui la
moindre partie de vêtement qui ne fût complétement trempée. Il lui fallait grimper du
mieux qu'il pouvait après d'immenses quartiers de roche, tandis que de la mousse toute
détrempée rejaillissaient sur lui, quand il
baissait sa tête, des flaques d'eau. Il se sentait
si affaibli qu'il allait défaillir, quand tout à
coup il entendit un étrange bruit semblable
à un sifflement, et il aperçut alors devant
lui une grande caverne vivement éclairée.
Au centre brûlait un feu si immense qu'on
eût pu y rôtir un cerf tout entier ; or c'est précisément ce qu'on y faisait à ce moment. Le
plus magnifique cerf qu'on ait jamais vu, avec

une paire d'andouillers de toute beauté, était en effet attaché à une broche longue de plusieurs mètres et fixée entre deux pins qui avaient été coupés tout près de la racine; et le rôt tournait rapidement devant l'âtre. Une vieille femme, si grande, si vigoureuse, qu'on eût plutôt dit un homme déguisé, était assise tout près de là, activant sans cesse le feu en y jetant bûches sur bûches.

« Approchez, lui cria-t-elle après lui avoir dit bonjour, asseyez-vous là, à côté de moi, près du feu, et séchez vos vêtements. »

« Mais il y a ici un terrible courant d'air, » dit le prince d'un air tout chagrin, et il étendit à terre ses membres fatigués.

« Ce sera bien pis quand mes fils seront de retour chez nous, reprit la femme. Vous êtes ici dans la caverne des Vents, car mes bons fils sont les quatre Vents cardinaux. Comprenez-vous? »

« Où sont vos fils? » dit le prince.

« Il n'est, ma foi, pas trop facile de répondre quand on vous fait à l'aventure de si folles questions, répliqua sèchement la vieille. Mes fils ont eu bonne chasse aujourd'hui. Ils sont à jouer au ballon avec les nuages dans cette grande pièce là-haut. » Et en parlant de la sorte, elle lui montrait d'un air significatif l'atmosphère où les ondes et les vents déchaînés se combattaient avec fureur.

« Effectivement! dit le prince. Mais il me semble que vous parlez un peu rudement, du moins pas tout à fait aussi doucement que les dames avec lesquelles je vis d'habitude. »

« Oui-dà, répliqua la vieille femme, et je ne crains pas de dire qu'elles n'ont pas autre chose à faire. Quant à moi, il faut que je sois ferme comme un roc, si je veux me faire obéir par mes impétueux enfants. J'y réussis cependant, quelque rétifs, quelque capricieux qu'ils soient. Voyez-vous ces grands sacs qui pendent à la muraille? Mes fils en ont tout autant peur que vous, autrefois, de la verge placée derrière la glace de la cheminée. Et de fait je ne permets pas à ces bruyants drôles de jeter le grappin sur moi. Quand ils font trop de bruit et de vacarme, je vous les empoigne, je vous les entortille autour de mon doigt et je vous les campe sans plus de façons dans ces sacs. Ils y restent étroitement enfermés et n'en sortent pour recommencer à faire du vacarme que lorsqu'il plaît à leur mère de les laisser partir. Mais tenez, voici l'un d'eux qui nous arrive. »

C'était le Vent du Nord; il entra dans la caverne, suivi d'un froid glacial. De gros grains de grêle bondissaient à la ronde à chaque pas qu'il faisait, et sautillaient après lui sur le sol inégal, tandis que des flocons de neige tombaient tout à l'entour en tourbillonnant. Il portait un justaucorps et des hauts de chausses en peau d'ours. Son bonnet, fait avec la peau d'un chien marin, retombait sur ses oreilles. De longs glaçons pendaient à sa barbe tout en désordre.

« Ne vous approchez pas tout de suite du feu, lui dit le prince en manière d'avis, sans cela le froid pourrait aisément saisir vos mains et votre visage. »

« Le froid! reprit le Vent du Nord en éclatant de rire; le froid! mais c'est précisément le plus grand régal que vous puissiez m'offrir! Quel imbécile d'homme êtes-vous donc? Mais ah! çà, misérable nain, comment vous y êtes-vous pris pour pénétrer dans notre caverne ? »

« Il est mon hôte, interrompit la vieille, et si ce n'est pas assez vous en dire, gare au sac ! Vous savez ce que je veux, j'espère ? »

Ces paroles produisirent de l'effet ; et le Vent du Nord, changeant de conversation, se mit alors à leur raconter quelle route il avait suivie en dernier lieu et où il était resté pendant le mois presque tout entier.

« J'arrive de la mer polaire, dit-il. J'ai été à l'île des Ours avec des Russes qui faisaient dans ces parages la chasse aux morses. J'étais tout endormi au gouvernail quand ils doublèrent le cap Nord ; et lorsque de temps à autre je me réveillais de mon mol assoupissement, l'oiseau de la tempête s'en venait effrontément voltiger autour de mes jambes. Le drôle d'oiseau que cela fait ! Il donne un coup rapide avec ses ailes, puis les tenant tranquillement étendues il s'élève dans les airs comme s'il n'en avait pas besoin. »

« Pas tant de paroles ! interrompit brusquement la gigantesque mère des Vents. Ainsi donc vous arrivâtes tous sains et saufs à l'île des Ours? »

« Oui, comme vous le dites. Oh! le délicieux pays que cela fait! on dirait un parquet aussi uni qu'une assiette. Des plaines de neige à moitié fondue, parsemées çà et là d'amas de mousse, de pierres aiguës et de toutes sortes de carcasses de morses et d'ours blancs, étendues sur le sol par longues rangées! Vous diriez les membres de nombreux guerriers morts sur quelque vaste champ de bataille, et je croirais volontiers que jamais les rayons du soleil ne les éclairèrent. Du coin de ma bouche je lançai une petite bouffée au brouillard afin de pouvoir examiner à mon aise une grande hutte qui s'élevait appuyée sur des colonnades innombrables et sans fin. C'était une maison construite avec les fragments bigarrés de divers naufrages solidement attachés les uns aux autres, et recouverte avec des peaux de morses, de telle façon qu'on y était parfaitement à l'abri et contre l'air et contre l'eau. Le côté de ces peaux qui touche à la chair était tourné extérieurement, de sorte que les murailles présentaient une brillante marqueterie de rouge, de vert et de bleu. Au sommet de la coupole on voyait assis insolemment un ours qui se tenait là tout grognant. Je me hâtai de gagner le rivage, jetant en passant un coup d'œil sur les nombreux nids d'oiseaux de la tempête qui s'y trouvent, ainsi que sur les oisillons sans plume qui venaient précisément de briser leurs œufs. Puis, quand ils se prirent à gazouiller, en ouvrant leurs vastes becs, je lâchai tout à coup une bonne bouffée sur ces milliers de gosiers criards, et cela leur apprit à tenir la bouche close. Pendant ce temps-là les morses se jouaient tout au fond des impénétrables abîmes de la mer, semblables, avec leurs têtes de porc et leurs dents d'albâtre, à de monstrueux serpents. »

« Vous racontez fort bien, mon garçon, dit sa mère en lui souriant avec satisfaction; vous me faites venir l'eau à la bouche d'envie d'ouïr la fin de votre histoire. »

« Alors nous nous mîmes gaiement à la besogne. Le harpon pénétra droit dans la poitrine du morse, et aussitôt un sang épais et noirâtre

en jaillit sur la glace comme une fontaine.
C'est maintenant, me dis-je, que je vais m'amuser! et je me mis aussitôt à jouer quelques-uns de mes morceaux de choix. Je leur sifflai mes airs de bravoure les plus nouveaux; je fis avancer et heurter l'un contre l'autre mes plus fins voiliers, de hautes montagnes de glace semblables à des rochers de cristal, qui vous étreignirent les barques de mes chasseurs, comme ferait d'une fragile coquille de noix un casse-noisette en fer. Oh! les vagissements et les sifflements que cela faisait! Mais avec mes chants aigres et perçants j'étouffai tout ce bruit. Mes chasseurs durent alors débarrasser successivement leur navire de la dépouille des morses, de leurs tonneaux, de leurs caisses, de sa voilure et même de sa mâture. Enfin, quand ils eurent restitué à la mer le butin qu'ils lui avaient enlevé, je les chassai à la dérive vers le sud dans leur navire tout brisé, puis les fis sombrer, afin qu'ils sussent quel est le goût de l'eau salée... Je suis bien certain que de longtemps l'envie ne leur reprendra pas de revenir à l'île des Ours! »

« En cela, vous avez eu tort, » dit la mère des Vents d'un air maussade.

« Je laisse à d'autres le soin de raconter le bien que j'ai pu faire... Mais voici mon brave petit frère le Vent d'Ouest qui nous arrive. C'est lui que j'aime le mieux de tous. Il vous a toujours une senteur marine tout à fait rafraîchissante, et son souffle répand à la ronde un froid délicieux. »

« Est-ce le petit Zéphyr ? » dit le prince.

« Oui, certes, c'est Zéphyr, répondit l'aîné des frères, sauf que ce n'est plus le petit gaillard tout chétif que vous croyez. Aux vieux jours de la Fable, c'était un enfant admirablement beau, mais ce bon temps est à jamais passé. »

Le gigantesque petit gaillard avait tout l'air d'un homme sauvage des bois. Cependant il avait encore son bourrelet autour de la tête, afin de ne pas se faire de mal en tombant. Il tenait à la main un gourdin de bois d'acajou coupé dans les vieilles forêts de l'Amérique.

« D'où venez-vous donc ? » lui demanda sa mère.

« Des romantiques déserts tout couverts de

bois, répondit-il, où les ronces épineuses tissent d'arbre en arbre d'impénétrables palissades, où le serpent aquatique sommeille dans les herbes humides avec sa couvée empoisonnée, et où l'homme semble être l'œuvre la plus superflue sortie des mains de la nature. »

« Qu'y faisiez-vous ? »

« Oh ! je surveillais d'un œil inquiet la profonde rivière. Je voyais comment elle roulait de roc en roc, puis se changeait en fine poussière et s'en allait gagner les nuages pour former l'arc-en-ciel dans les airs. Je voyais l'indomptable buffle nager dans le torrent. Il s'en allait à la dérive avec une bande d'oiseaux sauvages qui s'élevaient pesamment sur leurs ailes, dès que l'écume de la cataracte les atteignait. Mais il fallait que le buffle pérît au fond des eaux : c'est là du moins ce qu'il plut à ma sagesse de penser. Je me mis alors à souffler un si gentil petit ouragan qu'on vit quelque temps après des arbres aussi vieux que le monde, comme s'ils eussent tout à coup été saisis de vertige, se briser avec fracas, puis flotter à la surface des eaux devenues furieuses. »

«Et n'avez-vous rien fait de plus?» demanda la vieille femme.

«J'ai tout bouleversé dans les savanes, caressé le cheval sauvage sur son cou et embrouillé sa crinière ; puis, je me suis mis à faire une partie avec les singes et à abattre des noix de coco à qui mieux mieux. Oh! j'ai de belles choses à vous raconter, mais il ne faut pas vider sa besace d'un seul coup, ni se mettre à jaser aux autres tout ce qu'on sait. C'est bon pour vous cela, la mère!» Et en parlant de la sorte, il embrassa sa mère avec tant de force, qu'elle faillit tomber de sa chaise à la renverse. Le fait est que dans toutes ses actions, c'était un petit gaillard aussi brusque qu'impétueux.

En ce moment le Vent du Sud, couvert du manteau long et flottant d'un Bédouin, entra à son tour dans la caverne.

«Il ne fait pas mal froid ici!» dit-il, et en même temps il jeta de nouvelles bûches au feu. On s'aperçoit aisément que le Vent du Nord est arrivé avant moi.»

«Comment! il fait ici une chaleur à rôtir un ours blanc.»

« Ours blanc vous-même! » reprit d'un ton impertinent son frère le Vent du Sud.

« Ah çà! est-ce que vous auriez envie par hasard d'être fourré dans le sac? » demanda la vieille. Asseyez-vous là sur cette pierre, et racontez-moi gentiment ce que vous avez fait et où vous avez été depuis que je ne vous ai vu. »

« En Afrique, chère mère; j'ai été à la chasse aux lions avec les Hottentots dans le pays des Caffres. Si vous saviez la belle herbe qui pousse dans les marais de ces contrées-là! Elle est aussi fraîche, aussi verte qu'une olive. J'y ai vu danser le goru, et l'autruche m'a défié à la course; mais j'ai encore mieux joué des jambes qu'elle. Je m'en suis allé ensuite au désert où l'on n'aperçoit de toutes parts que du sable jaune et sale : on dirait le fond de la mer. J'y rencontrai une caravane. Ces gens-là tuaient en ce moment leur dernier chameau afin d'épargner l'eau nécessaire pour étancher leur soif, mais le peu qu'ils en eussent était bien amère. Le soleil dardait d'aplomb sur leurs têtes ses brûlants rayons, et on eût pu prendre le sable sur lequel ils marchaient pour de la cendre rouge. Point de bornes, point de limites à ce désert sans fin. La bonne partie que je fis avec ce sable si fin, si mince, que je m'amusai à soulever devant moi en immenses et épaisses colonnes! Si vous aviez vu quelle danse cela faisait! Comme vous auriez ri de voir les pauvres dromadaires s'arrêter frappés de terreur et tout tremblants, et les marchands donc! de voir, comment bravant en vain la mort, ils cherchaient à abriter leur front brûlant sous leur cafetan. Ils se jetaient alors à mes pieds, comme devant leur Dieu Allah. Maintenant ils sont tous enterrés. J'ai eu cependant la générosité de construire sur eux une pyramide de sable en guise de sépulcre. Lorsqu'un jour ou un autre il m'arrivera encore de souffler de ce côté, le soleil pourra blanchir leurs squelettes décharnés; de sorte qu'à ce signe l'homme reconnaîtra d'une manière indubitable que d'autres ont foulé ce sol avant lui. Sans cela il serait trop pénible en vérité pour lui de se croire tout à fait dans le désert! »

« Vous n'avez fait que du mal, lui dit alors sa mère; allons, rentrez dans votre sac! »

Et avant que le Vent du Sud eût pu deviner ce qu'elle allait faire, elle l'avait saisi à bras-le-corps et l'avait renfermé dans sa prison élastique. Il essaya bien un instant de la faire rouler comme un ballon; mais la vieille s'assit dessus, et force fut alors à messire le Vent du Sud de se tenir tranquille.

« Vous avez là de joyeux enfants, madame, » lui dit le prince.

« Effectivement, répondit-elle, et je ne m'entends pas mal, comme vous voyez, à les gouverner. Mais voici mon quatrième qui nous arrive. »

C'était le Vent d'Est habillé en Chinois.

« Comment! lui dit sa mère, vous nous revenez de votre coin favori! Je pensais que vous aviez été au jardin du paradis. »

« Non, répondit le Vent d'Est, je n'y vais que demain. J'arrive maintenant de la Chine où j'ai dansé un menuet autour de la Tour de porcelaine de manière à en faire de nouveau tinter toutes les cloches. En bas, dans la rue, les officiers de garde ont reçu leur ration accoutumée de coups de canne. Je ne saurais vous dire combien de livres de bambou ont été dans cette occasion usées sur leurs épaules; et c'étaient tous gens du premier au neuvième rang! Ils jetaient des cris perçants, jusqu'à en devenir tout enroués, et alors ils disaient : « Mille fois merci! mon paternel correcteur et bienfaiteur. » Mais comme ils ne parlaient pas sincèrement, je recommençai à tinter et à mettre de plus belle en branle les cloches qui chantèrent tsing, tsang, tsu ! »

« Vous avez beaucoup trop bonne opinion de vous-même, mon fils, dit la vieille femme, coupant court aux gais propos du loquace jeune homme. Cependant c'est une bonne chose que vous alliez demain au jardin du paradis, peut-être cela vous servira-t-il à avoir un peu plus de sens commun que vous n'en avez à présent. »

« Mais pourquoi, mère, avez-vous donc renfermé mon frère Sud dans son sac? demanda le Vent d'Est. Laissez-le sortir, je vous en prie, il faut qu'il me dise quelque chose de l'oiseau phénix; car la princesse qui est dans le jardin du paradis me demande toujours des nouvelles de cet oiseau, quand je viens tous les cent ans lui rendre ma visite. Ouvrez le sac et je vous donnerai les noms les plus tendres, les plus doux, plus deux poignées de thé frais et vert, tel que je l'ai cueilli aux lieux mêmes où il croît. »

« Allons, eu égard au thé et aussi parce que vous êtes mon favori, je consens à ouvrir le sac. » Elle fit comme elle disait, et le Vent du Sud se glissa dehors. Mais il était tout penaud, car il savait que le prince étranger avait été témoin de sa punition si bien méritée.

« Voici une feuille de palmier pour la princesse, dit le Vent du Sud. Elle m'a été donnée par le vieux phénix, l'unique oiseau de sa race qui soit au monde; il y a tracé avec son bec toute l'histoire de sa vie, le merveilleux récit de cent années dont la durée détermine chaque division dans l'épais livre de sa vie. Elle pourra maintenant la lire tant qu'elle voudra. J'ai vu le phénix mettre, à l'aide d'un verre grossissant exposé au soleil, le feu à son nid, s'y placer et y périr dans les flammes, comme font les veuves des guerriers hindous. Comme les branches sèches petillaient! quels parfums, quelles odeurs délicieuses elles répandaient! Puis tout finit par une brillante flamme. Le vieux phénix n'était plus qu'une masse de cendres; mais son œuf gisait tout rouge au milieu du foyer. Il s'entr'ouvrit avec fracas et un tout jeune oiseau en sortit qui est destiné à être le chef et le prince de toute la gent emplumée, et l'unique phénix qu'il y ait au monde. Il a percé un trou dans la feuille de palmier que je viens de vous donner : c'est son signe de salutation à la princesse. »

« Prenons quelque chose pour apaiser nos estomacs affamés, » dit la mère des Vents en l'interrompant brusquement.

Ils se mirent alors tous à manger, et dans cette scène la pièce de venaison rôtie joua un grand rôle. Le prince avait été s'asseoir tout à côté du Vent d'Est, et ils étaient bien vite devenus bons amis.

« Dites-moi donc, commença le prince, quelle est la princesse dont vous parlez tant ? Et où est le Jardin du Paradis? »

« Ah! ah! répondit le Vent d'Est en riant à

gorge déployée. Si vous avez besoin d'y aller, envolez-vous demain avec moi ! Cependant je dois vous dire que personne n'y a été depuis le temps d'Adam et d'Ève, que vous connaissez bien, j'aime à le croire, pour en avoir entendu parler dans l'Écriture sainte.»

« Oui, certes, reprit bien vite le prince qui aimait beaucoup à faire étalage de son savoir.

« Il est vrai que lorsqu'ils en furent chassés, le Jardin du Paradis fut englouti dans la terre assoupie. Cependant il n'en conserve pas moins son riant éclat, son air charmant, bref toute la plénitude de sa beauté. La reine des fées y demeure à présent; c'est là aussi que se trouve l'île du Bonheur, où la mort n'a jamais posé ses pieds, et où il est si agréable de bâtir des maisons et des chaumières. Placez-vous demain sur mon dos; je vous emmènerai avec moi; m'est avis que nous voyagerons parfaitement ensemble. Mais maintenant, trêve à la causerie, car il faut que j'aille dormir.»

Et ils s'en allèrent tous se coucher.

Le prince se réveilla le lendemain matin de bonne heure, et il pensa à part lui que c'était assurément la chose la plus extraordinaire qui lui fût encore arrivée que de se trouver bien au-dessus des nuages. Il s'attachait toujours plus étroitement au dos du Vent d'Est, qui s'acquitta honorablement de sa mission, lui aida à se tenir droit et le défendit contre les griffes de Vertige, qui les suivait comme un mauvais démon, épiant la chance de quelque mouvement imprudent pour précipiter le hardi navigateur à travers l'immensité. Ils étaient arrivés si haut dans les airs que les forêts et les champs, les rivières et les lacs leur semblaient aussi entremêlés et aussi rapprochés les uns des autres qu'ils nous paraissent l'être sur une grande carte peinte du monde.

« Bonjour! lui dit à voix basse le Vent d'Est, vous auriez bien pu dormir un peu plus longtemps; dans ce pays plat qui s'étend au-dessous de nous, il n'y a rien qui puisse plaire aux yeux, à moins toutefois que la fantaisie ne vous prenne de compter les clochers. Les voilà, semblables à de petits points de craie sur le tapis vert (par *tapis vert*, il entendait les champs et les marais). »

«Je crains, dit le prince, d'avoir été très-grossier en quittant, comme je l'ai fait, madame votre mère et messieurs vos frères, sans leur dire adieu.»

«Nous n'avons pas d'excuse à demander quand nous dormons,» repartit le Vent d'Est.

Ce disant, il reprit sa course avec plus de rapidité que jamais. On s'en apercevait, sur les montagnes, au sommet des arbres, dont les branches et les feuilles bruissaient comme si les dents leur claquaient; et pendant ce temps là nos voyageurs continuaient au grandissime galop leur course à travers les airs. On aurait pu encore s'en apercevoir, en regardant la surface de la mer et celle des lacs; car partout où ils passaient, les vagues s'élevaient plus haut, et les vastes navires, semblables à de magnifiques cygnes, s'inclinaient sur les eaux transparentes.

Vers le soir, quand il se fit sombre, c'était en vérité un curieux spectacle à voir que les grandes villes. Les lumières y jaillissaient tantôt d'un côté, tantôt de l'autre, comme font les feux follets. C'était absolument comme lorsque l'on a brûlé un morceau de papier, et que l'on suit les petites étincelles qui en parcourent les débris, étincelles dont les enfants ont coutume de dire que ce sont des gens qui sortent de l'église. A cette vue le prince battit des mains de joie; mais le Vent d'Est le pria civilement de ne pas se montrer si nigaud, de bien se tenir au contraire, sans quoi il pourrait lui arriver de tomber sur la pointe d'un clocher et d'y rester accroché comme un papillon à l'épingle d'un collectionneur d'insectes.

L'aigle volait rapidement à travers les ombreuses forêts, mais le Vent d'Est volait avec encore bien plus de rapidité. Le Cosaque sur son superbe coursier effleurait la plaine, semblable à l'éclair; mais le prince était bien autrement prompt à le dépasser, car, avec la rapidité de la pensée, il s'avançait toujours et infatigable à cheval sur le dos du Vent.

«Maintenant vous pouvez apercevoir d'ici l'Himalaya, lui dit le Vent d'Est; c'est la chaîne de montagnes la plus élevée qu'il y ait en Asie, et nous ne tarderons pas à arriver au Jardin du Paradis.

Ils se dirigèrent alors un peu plus au sud, et l'air ne tarda pas à leur paraître tout imprégné de l'odeur des fleurs et des épices. Les figuiers, les grenadiers croissaient d'eux-mêmes dans les champs, et la vigne étendait au-dessous ses riantes grappes de raisin blanc et noir. Ce fut là qu'ils descendirent; et ils se couchèrent tout de leur long sur l'herbe où les fleurs faisaient de petits signes d'amitié au Vent, comme pour lui dire: « Sois encore une fois le bienvenu ici. »

« Sommes-nous maintenant dans le jardin du paradis? » demanda le prince.

« Pas encore, répondit le Vent d'Est; mais nous ne tarderons pas à y arriver. Voyez-vous cette muraille de rochers où de gracieux pampres forment un riant rideau de verdure? C'est par là que nous devons passer. Enveloppez-vous bien dans votre manteau, car, quoique le soleil nous brûle ici, au premier pas que nous y ferons, nous éprouverons un froid mortel. L'oiseau qui voltige à l'entrée de la caverne, a l'une de ses ailes dans l'air chaud de l'été, tandis que l'autre ressent encore tout le froid de l'hiver. »

« Ah! enfin, voilà donc le chemin du paradis? » dit le prince d'un ton d'interrogation.

Ils entrèrent à ce moment dans la caverne. Oh! l'horrible froid qu'ils y ressentirent aussitôt! Mais cela ne dura pas longtemps, car le Vent d'Est étendit ses ailes toutes grandes, et elles resplendirent comme une brillante flamme. Quels lieux affreux ils découvraient tout autour d'eux! D'immenses blocs de pierre, desquels l'eau coulait goutte à goutte avec une lugubre régularité, s'élevaient au-dessus de leurs têtes, semblables à des arceaux de la forme la plus étrange. Tantôt le sentier était si étroit et si bas qu'il leur fallait ramper sur leurs mains et sur leurs pieds; et tantôt il était si large, si vaste, qu'on eût pu se croire en plein air. Il semblait qu'il n'y eût autour d'eux que des chapelles de cimetière, et de muettes rangées de tuyaux d'orgues ayant depuis longtemps cessé de pousser des sons.

« M'est avis, dit le prince, que nous passons par le chemin de la mort pour arriver au jardin du paradis. » Mais le Vent d'Est, sans lui répondre un mot, le fit regarder droit en avant vers un point d'où la plus magnifique lumière bleue brillait sur eux. Les blocs de pierres disparurent les uns après les autres dans le brouillard qui finit par être aussi transparent qu'un nuage blanc au clair de la lune. L'air devint serein et doux, aussi rafraîchissant, aussi bienfaisant que sur les collines, aussi doucement parfumé que parmi les roses de la vallée. Ils arrivèrent alors à une rivière aussi large que l'air, et fourmillant de poissons aussi brillants que l'or et l'argent. Des anguilles aux écailles pourpres et rouges se jouaient dans ses flots, répandant partout où elles passaient des étincelles bleuâtres ; et les larges feuilles du merveilleux lis d'eau offraient toutes les couleurs de l'arc-en-ciel. La fleur elle-même était une grande flamme vacillante qui recevait de l'élément aqueux une nourriture semblable à celle que l'huile donne à la lampe. Un pont en marbre d'une massive solidité, et cependant aussi délicatement travaillé que s'il était tout tissu de perles et de dentelles, conduisait à travers l'eau à l'île du bonheur où on apercevait le jardin du paradis, défendu par une épaisse muraille de fleurs.

Le Vent d'Est prit le prince dans ses bras, et lui fit ainsi traverser le pont. Alors les fleurs et les oiseaux se mirent à lui chanter, avec des voix plus douces que les plus belles voix humaines, des chansons magnifiques dont son enfance était le sujet. Sont-ce de vrais palmiers, ou de gigantesques plantes aquatiques, pensa le prince, qui croissent ici? Jamais auparavant il n'avait vu d'arbres si vigoureux, ni de branches s'élevant si haut dans les airs. Il y avait aussi de bizarres plantes grimpantes qui s'entrelaçaient les unes dans les autres, pour former des guirlandes assez semblables à celles que nous voyons peintes en or et en brillantes couleurs sur les bons vieux livres d'église, ou encore aux arabesques qui s'y enroulent autour des premières lettres de chaque chapitre, formant un tout bizarre d'oiseaux, de fleurs et de guirlandes. On apercevait près de là dans l'herbe une troupe de paons étalant leurs brillantes queues. « Quant à ceux-ci, se dit le prince, ils ne peuvent pas être autres que ce qu'ils paraissent!» Eh bien, point du tout; quand il voulut les toucher, il reconnut que ce n'étaient pas des oiseaux, mais des plantes d'un genre particulier. Et de fait, c'étaient tout bonnement des herbes sauvages, lesquelles, dans ce délicieux jardin, sont mille fois plus magnifiques que ne peuvent l'être ailleurs les vraies fleurs, plus belles en vérité que les plus beaux paons lorsqu'ils étalent orgueilleusement leur large queue toute scintillante de bleu, d'or et d'émeraude. Le lion et le tigre sautaient par-dessus les haies verdoyantes aussi innocemment que de jeunes chats, et ils étaient aussi apprivoisés que le petit agneau avec lequel joue l'enfant; et les haies exhalaient une odeur aussi douce que celle de la fleur de l'olivier. Le pigeon ramier, brillant comme la plus belle perle, rafraîchissait le lion avec ses ailes qu'il agitait au-dessus de lui en guise d'éventail; et le roi des animaux, à son tour, secouait sa soyeuse crinière comme pour le remercier de son obligeance. Il n'y avait pas jusqu'aux antilopes elles-mêmes, d'ordinaire si froides, si réservées, qui ne se tinssent là toutes tranquilles, comme si elles eussent attendu pour prendre part, elles aussi, à la course.

A ce moment, la fée du paradis s'approcha des nouveaux venus. Ses vêtements étincelaient à l'instar du soleil. Son visage avait l'expression de bonheur et de satisfaction qu'a celui d'une heureuse mère souriant à l'enfant qui sommeille dans ses bras. Elle était jeune et belle, et sa suite se composait de jeunes filles charmantes, ayant chacune une brillante étoile dans les cheveux.

Le Vent d'Est lui remit la feuille de palmier sur laquelle le phénix avait écrit quelques mots de recommandation, et à cette vue les yeux de la fée brillèrent de joie. Elle prit le prince par la main et le conduisit vers un palais dont les murailles étaient colorées comme la plus belle tulipe. Les plafonds mêmes n'étaient qu'une grande fleur rayonnante, et plus l'œil la considérait, et plus le creux de sa coupe paraissait profond.

Le prince s'arrêta devant une fenêtre, et jeta un regard de curiosité à travers l'un de ses mille vitraux. Il aperçut alors le célèbre arbre de science, avec le serpent vigilant, et Adam et Ève qui étaient tout à côté.

«Mais n'ont-ils pas été chassés d'ici?» demanda-t-il dans son innocence. La fée sourit et lui expliqua que le temps avait ainsi gravé leur image sur tous les vitraux, mais non pas de la manière dont ils y semblaient imprimés. C'était bien la vie réelle, comme sur la surface unie d'un miroir. Les feuilles des arbres s'agitaient; l'homme et la femme allaient, venaient. Le prince regarda alors par un autre vitrail, et il y aperçut le songe de Jacob, son échelle qui touchait au ciel, et les anges voltigeant de haut en bas avec leurs grandes ailes. En un mot, tout ce qui était arrivé dans le monde, revivait et se mouvait sur ces merveilleuses vitres. Le temps seul évidemment avait pu former des tableaux si achevés.

Un sourire plein d'une enchanteresse amabilité apparut comme un rayon vermeil sur les traits de la fée, lorsqu'elle fit entrer son hôte dans un salon élevé, sans commencement ni fin, dont les murailles semblaient faites de portraits si clairs, si brillants qu'on pouvait voir à travers, et tous rivalisant de beauté les uns avec les autres. C'étaient ceux de millions d'êtres heureux qui souriaient et chantaient de façon que leurs voix se confondaient toutes en accords purs et mélodieux. La plupart ne paraissaient pas plus grands que le bouton de rose le plus délicat, qu'on a dessiné sur le papier comme un petit point brillant. Au milieu du salon s'élevait un arbre immense avec d'épaisses branches. Des pommes d'or, les unes grosses et les autres petites, pendaient sous ses verts rameaux. C'était l'arbre de la science, au fruit duquel Adam et Ève avaient goûté. Une rosée d'un rouge foncé dégouttait de chaque feuille, et il sembla au jeune prince que l'arbre pleurait des larmes de sang. »

« Plaçons-nous maintenant dans la barque, dit la fée; nous nous rafraîchirons sur les eaux agitées. La barque flotte à jamais vers le point qu'elle a pu trouver par l'infaillible aimant de la vertu sans tache; et c'est précisément ce qui fait qu'elle ne bouge jamais de l'endroit où elle se trouve en ce moment.

Et c'était vraiment chose étonnante à voir

comment tout le rivage entrait graduellement en mouvement et comment tout ce qui s'y trouvait se mettait tout à coup en marche. Ici s'avançaient orgueilleusement les hautes montagnes toutes couvertes de neige et portant les nuages sur leurs sombres forêts de pins. Le cor sonnait ses notes graves et solennelles, et le berger chantait avec l'allouette en bas dans la vallée. Maintenant les vigoureux bananiers abaissaient sur la barque leurs branches entrelacées, comme s'ils eussent voulu l'embrasser ; tandis que des cygnes aussi noirs que des corbeaux sortaient de l'écume, et qu'on apercevait sur le rivage des animaux de la forme la plus étrange et des fleurs des espèces les plus différentes. C'était la cinquième partie du monde, la Nouvelle-Hollande, qui passait successivement en revue devant eux, en leur offrant dans le lointain une vue magnifique des montagnes bleues. On entendait retentir les hymnes des prêtres païens, et on voyait les cannibales exécuter leurs danses aux mouvements impétueux, au son des tambours et des tambourins et aux rauques accents de la trompette d'os. Les pyramides d'Égypte, ces monuments qui sont les frères jumeaux des nuages, passèrent ensuite devant eux avec une multitude de colonnes et de sphinx à moitié enfouis dans le sable, offrant à leurs yeux étonnés un spectacle d'une variété continuelle. Les clartés du nord brillaient à leur droite et à leur gauche, dardant quelquefois à travers la voûte du ciel par delà la petite étoile du pôle. Où trouver quelqu'un capable d'imaginer et de composer un feu d'artifice pareil à celui-là! Comme le prince se sentait heureux! Notez au reste, qu'il apercevait cent fois plus de choses encore que nous ne pouvons vous en dire.

« Et pourrais-je toujours demeurer ici? » demanda-t-il.

« Cela dépend entièrement de vous, répondit la fée; si vous ne cédez point à la tentation de faire ce qui est défendu, vous pourrez rester ici toujours.»

« Oh! assurément, ce n'est pas moi qui lèverai seulement le petit doigt de la main pour atteindre aux pommes de l'arbre de science! s'écria bien vite le prince. Il y a mille autres fruits tout aussi beaux que ceux-là. »

« Interrogez-vous vous-même, et si vous ne vous sentez pas assez fort, retournez-vous-en avec le Vent d'Est qui vous a amené ici. Il va s'en aller, et il ne reviendra pas ici avant cent ans. A la vérité, cet espace de temps ne vous paraîtra pas plus long que cent heures, mais c'est encore bien long pour qui doit combattre la tentation et le péché. Quand je vous quitterai ce soir, il faudra que je vous dise : suivez-moi, mon bien-aimé; il faudra que je vous fasse des signes de la main; mais souvenez-vous de rester là où vous vous trouverez. Ne venez pas avec moi, je vous en préviens, car, à chaque pas que vous ferez, votre désir deviendra de plus en plus violent. Vous vous empresserez de gagner le salon où croît l'arbre de science. Je dors sous ses luxurieux rameaux, et, semblables à des cloches, ils me bercent avec les sons de la plus délicieuse harmonie. Vous vous pencherez sur moi, et il me faudra sourire; mais, si dans votre hardiesse, vous osez imprimer un baiser sur mes lèvres, votre paradis sera à jamais perdu pour vous dans les profondeurs de la terre. Le violent vent du désert tourbillonnera autour de vous; la froide pluie s'échappera en torrents de vos cheveux : malheur, misère, désespoir, tel sera désormais votre lot. »

« Je resterai ici, » dit le prince d'un ton et d'un air bien résolus.

Le Vent d'Est le baisa au front et lui dit tout bas à l'oreille : « Soyez courageux, et dans cent ans d'ici nous nous reverrons. Adieu, adieu! »

Et le Vent déploya ses puissantes ailes qui projetèrent tout à l'entour un radieux éclat semblable aux silencieux éclairs de l'automne ou encore aux lueurs boréales par les gelées d'un rude hiver.

« Adieu! adieu! » dirent en chœur les arbres et les fleurs, jusqu'à ce que l'écho cessât de répéter ces mots. Des cigognes et des pélicans, formant une longue bande semblable à une grande flamme vacillante, l'escortèrent jusqu'aux limites du jardin.

« Maintenant, dit la fée, nous commençons nos danses. Quand elles seront finies, juste au moment où le soleil se couchera, vous me verrez vous faire des signes, vous m'entendrez vous inviter à me suivre. Mais gardez-vous bien de le faire ; bouchez-vous plutôt les oreilles et fermez les yeux. Malheureusement, je recommencerai le même manége pendant cent ans ; mais aussi chaque soir de plus qui se sera écoulé, vous aurez acquis plus de fermeté de cœur, et à la fin vous n'y penserez plus du tout. C'est aujourd'hui que cela commence, et vous conviendrez tout au moins que je vous ai donné là des conseils d'amitié. »

La fée le conduisit dans une salle immense toute remplie de lis d'une éclatante blancheur. Les filaments jaunes et cotonneux qui garnissaient l'intérieur du calice de chaque fleur, formaient une petite harpe d'or d'où s'exhalaient les tons les plus doux de la flûte. De charmantes jeunes filles aux vêtements flottants passaient à côté de lui en voltigeant dans les évolutions rapides de la danse ; et pendant ce temps-là, en proie à un poétique transport, elles célébraient dans leurs chants les plaisirs de l'existence, se réjouissant de ce qu'elles ne devaient jamais mourir, et de ce que le jardin du paradis fleurissait éternellement.

Le soleil disparaissait peu à peu à l'ouest, et toute la voûte éthérée prenait une teinte d'or qui donnait aux lis le doux incarnat de la timide rose. Le prince buvait du vin pétillant que les aimables jeunes filles lui présentaient, et il éprouvait un bonheur dont il n'avait point encore eu l'idée. Quelle ne fut pas sa surprise, lorsqu'il aperçut tout à coup le fond de la salle qui s'éloignait, et l'arbre de science qui se trouvait devant lui dans toute son éblouissante splendeur. Dès lors les chants devinrent aussi doux, aussi attendrissants que la voix de sa mère, et semblèrent lui dire : « Mon enfant, mon cher enfant ! »

Alors la fée lui fit signe de venir à elle, et elle lui dit d'une voix tendre : « Suivez-moi. » Aussitôt il se précipita vers elle comme un insensé, oubliant ainsi, dès le premier soir, tout ce qu'elle lui avait dit, et rompant ses vœux en un instant, rien que parce qu'elle lui avait souri et fait des signes. A ce moment les doux parfums exhalèrent autour de lui des senteurs plus vives, et il lui sembla que les millions de visages souriants qui se trouvaient dans le salon où croissait l'arbre de science, lui faisaient aussi de petits signes d'amitié et lui disaient : « Tout doit être su, l'homme est le maître de la terre! » Et ce n'étaient plus des gouttes de sang qui tombaient des feuilles de l'arbre de science ; il lui sembla que c'étaient des étoiles du rouge le plus brillant.

« Suivez-moi, suivez-moi, mon bien-aimé! » répétait la charmante sirène : et à chaque pas qu'il faisait en avant, ses joues d'adolescent se couvraient d'une plus vive rougeur, et son sang circulait plus rapide dans ses veines.

« Oui, j'irai! s'écria-t-il en gémissant, j'irai ; certes il n'y a pas, il ne saurait y avoir de péché à cela. Pourquoi ne suivrais-je pas les traces de la beauté et du plaisir ? Je ne ferai que la contempler pendant son sommeil. Pourvu que je me garde bien de lui prendre un baiser, je ne puis y rien perdre. Or, après tout, il n'y a pas de danger que je le fasse, car je suis fort de cœur et ma volonté est ferme... »

Et la fée rejeta au loin sa robe brillante, elle tira de côté avec grâce les rameaux de l'arbre, puis au même instant elle disparut à ses yeux.

« Je n'ai point encore péché, se dit-il à lui-

même, et je ne le ferai certes pas non plus. »
Et tout en se tenant à lui-même ces perfides
discours, il écartait les rameaux de l'arbre;
alors il aperçut la fée déjà tout endormie, aimable et charmante comme pouvait l'être seulement la fée du jardin du paradis. Elle souriait dans ses rêves : il se pencha vers elle et vit
que ses paupières étaient humides de larmes.

« Est-ce à cause de moi que tu pleures?
lui dit-il à voix basse; oh! ne pleure pas ainsi,
mon incomparable. C'est à cette heure seulement que j'ai appris ce que c'est que le bonheur du paradis. » Il s'inclina davantage et
baisa les larmes qui s'échappaient de ses yeux,
puis ses lèvres se posèrent sur les siennes.

A ce moment retentit un coup de tonnerre
plus éclatant, plus terrible qu'il n'en avait encore jamais entendu. La brillante salle s'était
écroulée tout en ruines; le jardin fleuri avec
sa charmante fée commença à s'évanouir peu
à peu; puis il tomba toujours de plus en plus
bas, toujours de plus en plus profondément,
jusqu'à ce que à la fin il s'évanouit, comme
une toute petite étoile bien pâle, ou bien comme

un petit ver luisant à l'agonie, dans l'espace infini. Le prince frissonnait de tous ses membres, et tremblait d'un froid mortel; il ferma les yeux, et resta pendant quelque temps comme sans vie.

La pluie froide battait son visage, le vent soufflait âprement au-dessus de sa tête; enfin il reprit peu à peu conscience de lui-même. « Qu'ai-je fait? dit-il alors en soupirant, ai-je péché, ai-je péché comme Adam, de sorte que mon paradis soit à jamais évanoui et perdu? » Il ouvrit alors les yeux et vit bien encore une étoile scintiller à l'horizon, une étoile brillant d'un éclat aussi vif qu'un paradis perdu, quoiqu'elle fût en partie ensevelie dans un voile de deuil; mais c'était au ciel l'étoile du matin.

Il se leva, reconnut qu'il était dans la forêt, tout près de la caverne des Vents; et à côté de lui se trouvait la mère des Vents, l'air fort irrité et le menaçant du bras.

« Comment, lui cria-t-elle, dès le premier soir ! si vous étiez mon fils, je vous assure qu'il vous faudrait à l'instant même et sans dire mot rentrer dans votre sac.»

« Patience, bonne dame, c'est aussi ce qui ne manquera pas de lui arriver. Quand le temps en sera venu, ils seront tous mis dedans, » dit une forme maigre et décharnée qui apparut en ce moment. C'était un vieillard avec une faux à la main et de grandes ailes comme une chauve-souris ; c'était la Mort. « On l'enfermera quelque jour dans un bon cercueil. Quant à présent, je me contenterai de lui imprimer une marque, puis je l'enverrai un peu se promener à travers le monde où il pourra se repentir de ses péchés et devenir meilleur. Je ne manquerai certes pas de me trouver avec lui un jour ou un autre. Quand il s'y attendra le moins, je vous le placerai dans son cercueil, puis je le mettrai sur ma tête et je m'envolerai avec lui vers cette étoile. Là aussi fleurit le jardin du paradis ; et s'il est franc et bon, il lui sera donné un jour d'y entrer. Mais si ses pensées sont mauvaises et si son cœur adhère encore au péché, il retombera dans son cercueil bien plus bas que n'a jamais pu tomber le paradis. »

LA PAUVRE MARCHANDE D'ALLUMETTES.

LA PAUVRE MARCHANDE D'ALLUMETTES.

'ÉTAIT la veille du jour de l'an; et par une froide et neigeuse soirée, une pauvre petite fille allait pieds nus le long de la rue, engourdie de froid et portant à la main une botte d'allumettes qu'elle avait inutilement cherché à vendre pendant toute la journée. Personne n'avait voulu lui en donner un rouge liard. La neige tombait à gros flocons sur ses blonds cheveux et sur son cou que pas le moindre fichu ne protégeait contre le froid; mais

elle n'y pensait seulement pas. Elle regardait attentivement les vives lumières brillant à chaque croisée devant laquelle elle passait ; elle pouvait de là sentir le suave fumet de la succulente oie rôtie, à laquelle elle aurait tant voulu pouvoir goûter : n'était-ce pas la veille du jour de l'an ! Fatiguée et défaillante, elle s'assit à un coin de la rue et ramassa ses petites jambes sous elle pour avoir plus chaud. Elle ne pouvait songer à retourner à la maison, car son père l'aurait grondée de ne pas avoir vendu d'allumettes ; et quand même elle y serait rentrée, elle n'aurait pas eu moins froid, car sa demeure était mal défendue contre les intempéries des saisons, et le vent sifflait à travers de nombreuses fentes dans les murailles et dans la toiture de cette humble habitation. Il lui vint alors à l'idée d'essayer de réchauffer ses doigts en enflammant quelques-unes de ses allumettes ; elle en tira une hors de la botte, la frotta vivement contre la muraille, et aussitôt jaillit une vive lumière, semblable à une petite chandelle.

La petite fille regarda la flamme, et elle

aperçut alors devant elle un beau poêle de fonte, et dans ce poêle un grand et bon feu. Elle étendit aussitôt ses pieds pour les réchauffer, — mais hélas! l'allumette s'éteignit; et au même instant poêle et feu s'évanouirent... Elle se trouvait assise comme tout à l'heure au coin de la rue par une nuit froide et noire, avec une allumette brûlée dans sa main.

Elle en frotta une autre contre la pierre : la lueur projetée par la flamme brilla sur la muraille opposée, et tout au travers elle put voir dans une chambre où était dressée une table couverte de mets appétissants; au milieu s'élevait une belle oie rôtie flanquée de beaucoup d'autres bonnes choses, — puis ce qui va vous paraître bien plus extraordinaire, elle vit l'oie quitter la table et venir à elle avec couteau, fourchette, assiette. Mais alors encore une fois l'allumette s'éteignit; et elle ne put plus rien apercevoir que la sombre muraille et la froide rue.

La pauvre petite fille tira encore une autre allumette de sa botte, et dès qu'elle l'eut enflammée, elle aperçut un arbre de Noël de toute beauté, bien autrement grand, bien autrement beau que ceux qu'elle avait jamais pu voir. Un grand nombre de bougies allumées étaient suspendues entre ses rameaux ornés de faveurs de toutes couleurs, et elle apercevait en outre une foule de jolis tableaux bigarrés comme dans les boutiques. A cette vue, la pauvre petite fille en extase battit des mains; mais encore une fois l'allumette s'éteignit, et au même instant l'une des étincelantes lumières parcourut le haut des cieux semblable à une étoile qui file, et s'en vint tomber à ses pieds. « Voilà quelqu'un qui meurt ! » s'écria-t-elle; car sa vieille bonne grand'mère lui avait dit que toutes les fois que tombe une étoile filante, c'est une âme qui remonte à Dieu.

Elle enflamma de nouveau une allumette; une vive lumière se fit encore une fois autour d'elle, et au milieu elle aperçut sa bonne grand'mère qui la regardait d'un air calme et souriant.

« Chère grand'mère, s'écria-t-elle, emmenez-moi, oh ! je vous en prie, emmenez-moi avec vous. Une fois l'allumette éteinte, vous serez partie tout comme le beau poêle, le bon souper et l'arbre de Noël ! » Et en parlant de la sorte, elle enflamma toutes les autres allumettes à la fois, ce qui produisit autour d'elle une lumière presque aussi vive que celle du jour. Alors la bonne vieille grand'mère lui sourit encore plus tendrement ; elle la souleva dans ses bras, et elles prirent toutes deux leur essor, loin, bien loin, vers un lieu où il ne devait plus y avoir pour elle ni froid, ni faim, ni douleur : — elles étaient en paradis.

Mais la pauvre petite marchande d'allumettes se trouvait toujours au coin de la rue,... par la froide matinée du jour de l'an. Elle était morte de froid pendant la nuit, et il y avait à côté d'elle une botte d'allumettes brûlées. En la voyant, les passants disaient : « La pauvre enfant ! elle aura essayé de se réchauffer ! » Mais ils ne savaient pas les belles choses qu'elle avait vues, ils ne savaient pas les joies qu'elle avait éprouvées, ni combien elle avait été heureuse ce premier jour de l'an !

LES SOULIERS ROUGES.

LES SOULIERS ROUGES.

Il était une fois une jolie petite fille, mais si pauvre qu'en été elle était obligée d'aller toujours nu-pieds, et en hiver de porter de gros sabots; de sorte que ses petits pieds finirent par devenir tout rouges, et cela paraissait très-dangereux.

Au milieu du village demeurait la vieille mère du cordonnier. Elle se mit à l'ouvrage, et confectionna du mieux qu'elle put, avec de vieilles lisières de drap rouge, une petite paire de chaussons. Ils étaient assurément fort laids et très-grossièrement faits; mais son intention était bonne, car ces chaussons étaient destinés à la pauvre petite fille. Catherine était son nom.

Le jour même où l'on enterra sa mère, on lui donna les chaussons rouges; et elle les mit alors pour la première fois. Certes ce n'était pas là une chaussure de deuil, mais Catherine n'en avait pas d'autre. Elle les mit donc à ses pieds nus, et suivit ainsi chaussée le cercueil.

Tout à coup, passa par là une grande et belle voiture, dans laquelle était assise une dame âgée et d'une taille élevée. Elle regarda la petite fille, et éprouva de la compassion pour elle. Elle dit donc au curé : « Mon bon monsieur, donnez-moi cette petite fille, je serai bonne pour elle et en prendrai bien soin. »

Catherine s'imagina que cela lui arrivait à cause de ses chaussons rouges; mais la vieille dame dit qu'ils étaient horriblement laids, et les fit brûler. Cependant Catherine fut habillée tout à neuf, et on lui apprit à lire et à coudre. On lui disait qu'elle était jolie; mais le miroir lui répétait : « Vous êtes plus que jolie, Catherine, vous êtes belle et charmante. »

A peu de temps de là, la reine du pays vint en voyage de ce côté avec la petite princesse sa fille. Le peuple accourut en foule au palais, et Catherine se trouvait au milieu de cette foule. La petite princesse, tout de blanc habillée, se tenait à la fenêtre et était l'objet de l'attention et de la curiosité générales. On ne voyait pas autour d'elle une nombreuse suite, ni sur sa tête une couronne d'or; en revanche elle avait de charmants souliers de maroquin rouge. Ils étaient certes autrement beaux que les chaussons confectionnés tant bien que mal pour la petite Catherine par la mère du cordonnier. D'ailleurs y a-t-il au monde quelque chose qui puisse égaler des souliers rouges?

A la fin Catherine devint assez grande pour être admise à la sainte table et faire sa première communion. On lui donna à cette occasion des robes neuves, et elle dut aussi avoir des souliers neufs. Le premier cordonnier de la ville prit mesure de son pied; il le fit chez lui, dans sa boutique où il y avait de grandes armoires à glaces toutes remplies de beaux souliers et de bottines bien coquettes et luisantes. C'était en vérité beau à voir; mais comme la vieille dame n'y voyait pas bien clair, elle n'éprouva pas de plaisir à les regarder.

Or, parmi tous ces jolis souliers, il y en avait justement une paire de rouges tout à fait pareils à ceux qu'avait eus la princesse. Comme ils étaient jolis! et puis le cordonnier dit à Catherine qu'ils avaient été faits de commande pour l'enfant d'une comtesse, mais qu'ils s'étaient trouvés trop petits.

Les souliers furent essayés; ils chaussaient parfaitement Catherine, et on les acheta. Mais la bonne vieille dame ignorait tout à fait qu'ils fussent de cette couleur, car elle n'aurait jamais permis que Catherine allât à l'église en souliers rouges. Néanmoins, c'est ce qui arriva.

Tout le monde regardait les pieds de la jeune fille; et quand elle traversa l'église pour entrer dans le chœur, il lui sembla que les vieilles statues des saints tenaient leurs yeux fixés sur ses beaux souliers rouges. Ce fut là son unique pensée, lorsque l'évêque lui donna le sacrement de la confirmation, pendant tout l'édifiant discours qu'il prononça à cette occasion, pendant que l'orgue faisait entendre ses plus solennels accents auxquels succédaient les voix pures et claires des chœurs. Mais Catherine ne pensait toujours qu'à ses souliers rouges.

Dans l'après-midi, chacun raconta à la vieille dame que Catherine était venue à l'église en souliers rouges; et la vieille dame de dire alors qu'ils étaient fort laids, qu'il était d'ailleurs tout à fait inconvenant de les porter; qu'à l'avenir, toutes les fois que Catherine irait à l'église, ce serait en souliers noirs, quand bien même ils seraient vieux et tout usés.

Le dimanche suivant, Catherine s'apprêta pour aller à l'église. Après avoir alternativement considéré à plusieurs reprises ses souliers noirs et ses souliers rouges, elle se décida à mettre encore les rouges.

Il faisait ce jour-là le plus beau soleil qu'on pût voir. Catherine et la vieille dame suivirent un sentier à travers champs et où il y avait en chemin beaucoup de poussière.

A la porte de l'église se tenait un vieux soldat invalide, avec une paire de béquilles et une grande belle barbe, plutôt rouge que blanche.

— Le fait est qu'elle était rouge. Il fit un profond salut et demanda à la vieille dame si elle voulait qu'il essuyât la poussière de ses souliers. Elle lui répondit oui, et Catherine présenta aussi son petit pied. «Voyez donc! les beaux souliers de bal que cela fait, dit le vieux soldat: garde à vous, quand vous danserez!» et tout en parlant de la sorte, il appliqua un bon coup de la paume de la main sur la semelle.

La vieille dame lui donna une petite pièce de monnaie pour sa peine, puis elle entra avec Catherine dans l'église.

Chacun dans l'église se prit à regarder les souliers rouges de Catherine, et toutes les antiques statues de saints semblèrent encore fixer leurs yeux sur ces souliers. Et quand Catherine s'agenouilla aux pieds de l'autel, elle ne pensa encore qu'à ses souliers. Elle oublia à quel ineffable mystère on avait bien voulu l'admettre en lui permettant de prendre place à la sainte table huit jours auparavant; elle oublia l'édifiante allocution dont cette pieuse solennité avait fourni le sujet à l'officiant, elle oublia même de faire ses prières...

Enfin tout le monde sortit de l'église et la vieille dame remonta dans son carrosse qui, pendant l'office, était venu l'attendre à la porte. Catherine levait justement le pied pour y monter à son tour, quand le vieux soldat s'écria encore : « Voyez donc les beaux souliers de bal ! » Et alors Catherine ne put pas s'empêcher d'essayer de faire un ou deux pas de danse, et une fois qu'elle eut commencé de danser, ses pieds ne s'arrêtèrent plus. On eût dit que les souliers exerçaient sur elle une espèce de puissance magique. Elle s'en alla en effet dansant tout autour de l'église, sans pouvoir s'arrêter, de sorte que le cocher de la vieille dame fut obligé de courir après elle, de la saisir par le corps, et de la hisser dans le carrosse. Ses pieds n'en continuèrent pourtant pas moins à danser, de sorte qu'ils heurtèrent souvent les jambes de la bonne vieille dame. On finit par ôter à Catherine ses souliers, et alors seulement ses jambes demeurèrent en repos.

Quand on fut de retour au logis, les souliers furent placés dans une armoire ; mais Catherine ne pouvait pas s'empêcher d'aller à tout moment les regarder.

A quelque temps de là, la vieille dame se trouva malade au lit, et les médecins déclarèrent qu'elle n'en reviendrait pas. Elle aurait eu besoin d'être bien soignée, bien veillée, et assurément Catherine plus que toute autre était tenue de lui rendre un pareil service ; mais il devait y avoir un grand bal dans la ville, et Catherine y avait été invitée. Elle considérait attentivement sa vieille protectrice, sentait l'impossibilité qu'elle guérît jamais, puis allait regarder les souliers rouges en pensant qu'après tout il ne pouvait pas y avoir grand mal de sa part d'aller à ce bal. Il lui vint alors à l'idée d'essayer tout au moins encore une fois de mettre ses beaux souliers rouges, fait assurément fort innocent en lui-même, se dit-elle, mais alors, — elle partit tout à coup pour le bal et se mit à danser.

Alors, toutes les fois qu'elle aurait dû aller à droite, les souliers la faisaient aller à gauche ;

et, quand il lui fallut, pour exécuter les figures du quadrille, remonter le salon, les souliers l'entraînèrent du côté opposé, puis en bas de l'escalier, puis dans la rue, puis hors des portes de la ville. Ils s'en allèrent toujours de la sorte dansant, toujours dansant, jusqu'à ce qu'enfin ils la conduisissent dans une grande et sombre forêt.

Là, elle aperçut entre les arbres une vive lumière, et elle crut que c'était la lune, car elle avait tout à fait la figure d'un homme. Le fait est que c'était bel et bien un visage d'homme, car là encore était assis le vieux soldat à la grande barbe rouge, lui faisant des signes de tête et disant : « Voyez donc les beaux souliers de bal ! »

Elle tressaillit d'épouvante et aurait bien voulu alors se débarrasser de ses maudits souliers rouges; mais ils tenaient trop fort. Elle retira ses bas aussi loin qu'elle put, mais les souliers étaient devenus complétement adhérents à ses pieds. Elle fut donc obligée de s'en aller toujours dansant, dansant à travers plaines et marais, dansant par la pluie et par la clarté du soleil, dansant nuit et jour; mais c'était surtout pendant les heures de la nuit, que cela faisait un effroyable supplice !

Elle dansa jusqu'au cimetière, mais les morts n'ont guère envie de danser, et de fait ils ont bien mieux à faire ! Elle essaya de s'asseoir sur la tombe du pauvre, là où croît l'amère tanaisie. Mais il ne pouvait y avoir de repos pour ses membres fatigués, et quand elle arriva du côté de la grande porte de l'église qui était tout ouverte, elle aperçut là un ange, en longs vêtements blancs, avec des ailes qui de ses épaules descendaient jusqu'à terre. Son visage était grave et sévère, et à la main, il tenait un glaive grand et brillant.

« Vous continuerez, lui dit-il, vous continuerez à toujours danser ainsi avec vos souliers rouges jusqu'à ce que vous finissiez par être pâle et froide, jusqu'à ce que vous ne soyez plus qu'un squelette ! vous danserez de porte en porte, frappant à toutes les maisons où demeurent des enfants vaniteux et orgueilleux, afin qu'ils vous entendent et qu'ils tremblent ! Allons, dansez ! »

« Grâce! grâce! » s'écria Catherine; mais elle n'entendit pas la réponse de l'ange; car les souliers l'entraînèrent à travers la contrée, par les grandes routes et par les chemins de traverse, toujours, toujours dansant.

Un matin, elle passa en dansant devant une porte qu'elle connaissait fort bien. Cette porte était toute tendue de noir, et une bière sur laquelle étaient placés une couronne de fleurs et un crucifix en sortit tout à coup. A cela elle comprit que la vieille dame, sa bienfaitrice, était morte; elle se sentit alors abandonnée par tout le monde et condamnée par l'ange de Dieu.

Elle s'en allait cependant toujours dansant, toujours dansant, obligée de danser même au milieu de l'obscurité des nuits. Les souliers rouges la conduisaient à travers les ronces et les épines qui vous déchiraient ses pieds et vous les mettaient tout en sang. En dansant de la sorte à travers les bruyères, elle arriva à une petite maison isolée. Elle savait que le bourreau demeurait là, et elle frappa à la fenêtre en disant : « Sortez, sortez, car je ne puis entrer dans votre maison, moi; il faut que je danse! »

«Vous ne savez pas qui je suis, à ce que j'imagine, répondit-il: c'est moi qui coupe la tête aux méchants, et je ne vais pas tarder à avoir de la besogne, car j'entends ma hache qui tinte. »

«Oh! ne me coupez pas la tête, dit Catherine, car alors je ne pourrais plus me repentir de mes péchés; coupez-moi plutôt les pieds et les souliers rouges avec. »

Et elle confessa sa conduite coupable, et le bourreau lui coupa les pieds et les souliers rouges avec; et les souliers rouges s'en allèrent seuls toujours dansant à travers la campagne, jusque dans les profondeurs de la forêt. Le bourreau lui fit ensuite des pieds de bois et une paire de béquilles; puis il lui apprit le psaume que chantent toujours les pécheurs. Elle lui baisa alors la main avec laquelle il tenait la hache, et elle reprit son chemin à travers les bruyères.

«Maintenant, se dit-elle, que j'ai assez souffert pour les souliers rouges, je m'en vais aller à l'église, afin que tout le monde puisse me voir. » Tout en parlant de la sorte, elle se dirigea lestement vers la porte de l'église; mais quand elle y arriva, elle y trouva les souliers rouges qui dansaient encore devant elle. A cette vue, elle fut saisie de frayeur et s'enfuit bien vite.

Elle fut très-triste toute cette semaine-là, et répandit des torrents de larmes amères; mais quand arriva le dimanche, elle se dit : «Maintenant certes, j'ai assez souffert, assez lutté : je ne crains pas de dire que je suis tout aussi bonne qu'une foule de gens qui sont là dans l'église et qui ont si bonne opinion d'eux-mêmes. » Elle partit donc avec plus de résolution que l'autre fois, mais elle ne fut pas plutôt arrivée à la porte du cimetière, qu'elle aperçut les souliers rouges dansant devant elle, et elle fut de nouveau saisie de terreur. Elle s'en retourna donc bien vite et se repentit alors sincèrement de son orgueil et de sa conduite coupable.

Elle s'en alla trouver ensuite M. le curé pour le prier de vouloir bien lui trouver une place de servante; elle assura qu'elle serait bien laborieuse et qu'elle ferait tout ce qu'elle pourrait pour contenter les maîtres qu'il lui donnerait. Elle ajouta qu'elle ne tenait pas aux gages, que tout ce qu'elle demandait c'était d'avoir un gîte et de servir de bons maîtres. Le bon prêtre eut pitié d'elle, et la recommanda à une dame charitable qui la prit à son service. Catherine devint laborieuse et raisonnable. Tous les enfants l'aimaient bien, et quand il leur arrivait de causer coquetterie ou beauté, Catherine hochait de la tête.

Un dimanche qu'ils s'en allaient tous à l'église, ils lui demandèrent si elle n'y viendrait pas avec eux; mais au lieu de leur répondre elle se contenta de regarder ses béquilles d'un air triste et les larmes dans les yeux. Les autres s'en allèrent donc à l'église, tandis que Catherine gagnait seule sa petite chambre. Il n'y avait juste de la place que pour un lit et une chaise; elle s'y assit avec son livre de prières à la main, et pendant qu'elle le lisait avec dévotion, le vent lui apportait les sons si suaves de l'orgue retentissant dans l'église. Élevant alors vers le ciel ses yeux baignés de larmes, elle s'écria : « Seigneur, ayez pitié de moi ! »

A ce moment, le soleil perça les nuages qui l'avaient jusqu'alors obscurci, et ses rayons projetèrent un éclat plus vif que jamais. Alors apparut aux yeux de Catherine l'ange de Dieu, aux longs vêtements blancs, le même qu'elle avait déjà vu à la porte de l'église dans la terrible nuit que vous savez. Mais au lieu d'une flamboyante épée, il tenait à la main un beau rameau vert avec de grosses touffes de roses. Il en toucha le plafond, s'éleva dans les airs, et à l'endroit qu'il avait touché brilla aussitôt une étoile d'or. L'ange toucha les murailles, et elles s'écroulèrent. Catherine aperçut alors l'orgue dont elle entendait les sons harmonieux; elle vit les statues des saints, et tous les fidèles chantant autour d'elle les louanges du Seigneur. L'église avait tout à coup été transportée dans la chambre de la pauvre fille, ou plutôt c'est elle qui avait été transportée dans l'église. Elle s'y trouvait auprès du reste de la famille, et quand les chants cessèrent chacun lui fit avec la tête un petit signe d'amitié comme pour lui dire : « C'est bien à vous, Catherine, d'être venue ! »

« C'est la grâce de Dieu, » se dit-elle.

Et l'orgue fit retentir ses sons les plus puissants, et les voix de l'assistance se mêlèrent en un doux concert. Le soleil darda à travers la fenêtre ses rayons les plus vifs sur Catherine, et alors son cœur se trouva tellement inondé de lumière, de paix et de joie, qu'il se brisa. A ce moment l'âme de Catherine s'envola vers Dieu sur un des rayons du soleil, et dans le ciel il ne fut pas mention des SOULIERS ROUGES.

LE MÉCHANT ROI.

LE MÉCHANT ROI.

Vivait, il y a bien longtemps de ça, un roi au cœur orgueilleux et méchant qui ne songeait qu'à conquérir tous les pays de l'univers et à rendre son nom l'objet de la terreur universelle. Il promenait de toutes parts le fer et le feu, ses soldats foulaient aux pieds les moissons et brûlaient les chaumières des paysans, de sorte que de toutes parts la flamme rougeâtre desséchait les feuilles sur les arbres, et que le fruit restait suspendu tout grillé aux branches noircies et calcinées. Plus d'une malheureuse mère était réduite à se cacher avec son petit nourrisson tout nu derrière les murailles fumantes, pendant que les soldats furieux les cherchaient partout; et quand ils les avaient enfin trouvés, alors commençait leur joie cruelle. Des démons n'auraient pu commettre plus d'horreurs; mais le roi pensait qu'il en devait être ainsi.

De jour en jour sa puissance augmentait; son nom était devenu pour tous un épouvantail, et la fortune le favorisait dans tout ce qu'il entreprenait. Il rapportait chez lui des monceaux d'or ainsi que d'immenses trésors enlevés dans les cités par lui conquises : et dans la capitale de ses États il avait amassé des richesses comme on n'en a jamais vu ailleurs. Alors il se fit construire de magnifiques châteaux et de superbes palais, et tous ceux qui étaient témoins de toutes ces splendeurs disaient : « Quel grand roi! » sans songer jamais à la misère qu'il avait répandue dans d'autres contrées, sans entendre jamais les soupirs et les gémissements qui s'élevaient des cités réduites en cendres par l'odieux conquérant.

Le roi contemplait son or et ses splendides palais; et alors, comme bien d'autres, il se disait: « Quel grand roi je suis ! Mais il faut que j'aie encore davantage, bien davantage. Il ne doit pas y avoir de puissance qu'on puisse dire égale, et, bien moins encore, supérieure à la mienne ! » Alors il se mit à faire la guerre à tous ses voisins et conquit successivement leurs États. Toutes les fois qu'il se promenait dans les rues il faisait attacher avec des chaînes d'or les princes vaincus à son char, et quand il se mettait à table il les forçait à se prosterner à ses pieds ainsi qu'à ceux de ses courtisans, puis à ramasser les miettes qu'on leur jetait dédaigneusement.

Ensuite le roi fit placer son image dans toutes les places publiques et dans tous les palais: il essaya même de la faire mettre dans les églises devant les autels du Seigneur; mais alors les prêtres lui dirent : « O roi, tu es grand, cependant Dieu est plus grand que toi : nous n'oserions pas faire cela. »

« Eh bien, répondit le mauvais roi, il faut que je le subjugue, lui aussi ! »

Et dans l'orgueil et la folie de son cœur, il fit construire un vaisseau superbe, en état de naviguer dans les airs, présentant des couleurs aussi gaies, aussi vives que celles qu'on voit sur la queue d'un paon, et qui semblait garni de mille yeux ; mais chacun de ces yeux était l'orifice d'un baril de poudre. Du milieu de son vaisseau où il était assis, le roi n'avait qu'à pousser un ressort, et des milliers de boulets partaient dans toutes les directions, tandis que les canons se retrouvaient tout aussitôt chargés comme ils l'étaient l'instant d'avant. Des centaines d'aigles vigoureux étaient attelés au navire ; puis, tous ces préparatifs une fois achevés, il s'enleva vers le soleil. La terre ne tarda pas à se trouver bien loin. D'abord, avec ses montagnes et ses forêts, elle ressemblait à un champ qui vient d'être labouré et où des brins d'herbe verdoyante s'élèvent çà et là entre les mottes de terre brisées. Ensuite elle ne parut plus être que la carte bien unie du monde, et bientôt après elle disparut complétement au milieu des nuages et du brouillard. Pendant ce temps-là, les aigles s'élevaient toujours plus haut, toujours plus haut.

Voilà qu'alors Dieu envoya un seul de l'innombrable légion de ses anges, et le roi de lui faire lancer aussitôt des milliers de boulets; ces durs boulets rebondissaient comme de la grêle sur les ailes éclatantes de l'ange. Une goutte de sang seulement, rien qu'une goutte de sang, coula de ces ailes plus blanches que la neige. Cette goutte tomba sur le navire du roi; elle s'y incrusta brûlante, et, pesant sur lui comme eussent pu faire des milliers de quintaux de plomb, elle le précipita vers la terre avec une épouvantable violence. Les ailes vigoureuses des aigles furent brisées; le vent tourbillonna autour de la tête du roi, et les nuages qui l'environnaient, produits tous par la fumée des villes incendiées par ses soldats, prirent la forme menaçante de griffons longs de plusieurs lieues, étendant vers lui leurs griffes crochues; tantôt, au contraire, ils prenaient l'apparence de rochers roulant les uns sur les autres et de dragons vomissant des flammes. Le roi gisait à moitié mort au fond du vaisseau qui finit par se trouver pris dans les branches épaisses de la forêt.

« Je veux, s'écria-t-il, conquérir le ciel. Je l'ai juré, et je le ferai. »

Il employa les sept années qui suivirent à construire avec un art admirable des navires propres à naviguer dans les airs; il fit faire d'immenses approvisionnements d'éclairs forgés avec l'acier le plus dur; car il ne voulait rien moins que renverser les boulevards du ciel. Dans toutes les contrées soumises à ses lois, de grandes armées furent levées qui couvraient plusieurs lieues lorsqu'elles marchaient en ordre de bataille. Elles furent placées à bord des navires qu'il avait si audacieusement construits, et lui-même se dirigea de sa personne vers celui sur lequel il devait prendre passage. Ce fut alors que Dieu envoya contre lui un essaim, rien qu'un petit essaim de cousins. Ils se mirent à bourdonner autour du roi, et à lui piquer la figure et les mains. Le roi irrité leva son épée, mais il ne frappa que l'air vide, car il lui était impossible de toucher ces petits insectes. Il ordonna en conséquence qu'on lui apportât des robes de soie et les fit attacher autour de lui afin qu'aucun insecte ne pût l'atteindre avec son aiguillon, et ses ordres furent obéis.

Cependant un tout petit cousin parvint à se glisser à l'intérieur des robes, à s'insinuer dans l'oreille du roi, et à l'y piquer. La blessure devint brûlante comme le feu ; le venin gagna bientôt le cerveau du monarque. Alors, se débarrassant de ses couvertures de soie, puis de ses vêtements, et privé désormais de raison, il se prit à danser tout nu devant ses grossiers et rudes soldats, qui, à leur tour, se raillèrent de l'insensé et méchant prince qui avait osé songer à faire la guerre à Dieu, et qui cependant avait été vaincu par un imperceptible cousin.

LE ROSSIGNOL DE L'EMPEREUR.

LE ROSSIGNOL DE L'EMPEREUR.

'EMPEREUR de la Chine, vous le savez, est un Chinois, et tous ceux qui l'entourent sont des Chinois. Il y a, à vrai dire, bien des années que les choses merveilleuses que je vais vous raconter se sont passées; mais c'est une raison de plus pour vous les raconter, car sans cela elles risqueraient d'être bientôt oubliées. — Le palais de l'empereur était à bon droit regardé comme le plus splendide palais

qu'il y eût au monde. Depuis les fondations jusqu'au faîte il était construit de la porcelaine la plus fine, — précieuse marchandise assurément, mais si fragile qu'on est toujours obligé de prendre les plus grandes précautions quand on la touche. Les fleurs les plus magnifiques croissaient dans le jardin, et aux plus belles étaient attachées de petites cloches d'argent qui rendaient les sons les plus doux; aussi nul ne pouvait passer par là sans admirer comme il le devait ces plantes si singulièrement conformées. Le fait est que tout, dans le jardin de l'empereur, était bizarrement orné, et qu'il s'étendait si loin dans tous les sens que le jardinier lui-même ne savait pas bien exactement où il finissait.

Cependant en allant toujours tout droit devant soi, on finissait par arriver dans une forêt magnifique toute pleine d'arbres immenses et de lacs profonds. Cette forêt, avec sa verdoyante ceinture, formait comme le soubassement d'un rivage dont il était impossible d'apercevoir la fin, et sur lequel la mer bleue et sans fond rejetait incessamment son écume plus blanche que la neige. De grands vaisseaux pouvaient naviguer jusque sous les branches des arbres, et à l'ombre de leur feuillage vivait un rossignol doué d'une voix si admirablement suave, que même le pêcheur le plus pauvre, lui qui dans le Céleste Empire peut à peine perdre une minute s'il veut assurer sa chétive subsistance, arrêtait pendant quelques instants son bateau pour s'assurer dans une tranquille extase si le rossignol n'allait pas bientôt commencer ses chants.

« Que c'est beau ! que c'est donc beau ! » l'entendait-on souvent s'écrier. Mais il ne pouvait pas jouir longtemps de cette douce harmonie, car il lui fallait faire sa rude besogne, étendre ses filets, et au milieu des fatigues de sa journée, il avait bientôt oublié le nocturne chanteur du bocage. Cependant la nuit d'après, quand le rossignol recommençait à chanter et lorsque le pêcheur revenait suivant son habitude au même endroit, on l'entendait s'écrier de nouveau : « Oh ! que c'est beau, que c'est donc beau ! »

De tous les pays gouvernés par des empereurs ou par des rois, les voyageurs accouraient en foule dans la capitale de la Chine, et c'est avec la plus vive surprise qu'ils visitaient le palais, les jardins et toutes les merveilles qu'ils contenaient. Cependant une fois qu'ils avaient entendu le rossignol, ils proclamaient que tout bien considéré il n'y avait encore rien de comparable à cet oiseau enchanteur.

Puis quand ils revenaient chez eux, ils ne manquaient pas de raconter ce qu'ils avaient vu et entendu, et les savants qui se trouvaient parmi eux écrivaient de gros livres tout remplis de descriptions de la capitale, du palais et du jardin; et bien loin qu'on oubliât le rossignol, on ne manquait jamais de le mettre encore mille fois au-dessus de tout. Ceux qui étaient poëtes composaient en outre de beaux vers à la louange du chanteur emplumé de la forêt.

Peu à peu ces écrits, ces livres se répandirent dans le monde entier, et le hasard voulut que l'un d'eux tombât entre les mains de l'empereur de la Chine. Le chef suprême du Céleste Empire était assis et lisait sur son trône d'or. Il lisait toujours, toujours ; seulement, toutes les deux ou trois secondes, il faisait un petit signe de tête, car il ressentait un plaisir extraordinaire en daignant fixer ses yeux sur les magnifiques descriptions et les pompeuses esquisses que faisait de la capitale de son empire, de son palais et de son jardin, le livre placé devant ses yeux.

« Mais c'est encore le rossignol qui l'emporte sur tout cela! » Tels étaient les mots qu'il rencontrait à chaque page dans ce livre.

« Que cela peut-il dire? » pensa l'empereur: « le rossignol! Je n'ai jamais entendu parler de cela. Y a-t-il bien dans mes États un pareil oiseau, et, qui plus est, dans mon jardin? Comment se fait-il que jusqu'à ce jour je n'en aie jamais entendu parler ni rien lu? »

Après avoir ainsi parlé, il fit ordonner à son grand chambellan de paraître devant lui : c'était un très-grand personnage, qui toutes les fois qu'un individu d'un rang inférieur s'avisait de l'accoster ou de lui demander quelque chose, ne savait que lui répondre bah ! ce qui équivalait à peu près à rien.

« Ah çà! commença l'empereur d'un ton grave, il paraît que nous avons dans notre voisinage un oiseau excessivement remarquable qu'on appelle rossignol. On dit que ce petit être-là est la plus grande merveille de mon empire sans limites. D'où vient donc qu'on ne m'en a jamais rien dit? »

« Si Votre gracieuse Majesté veut bien le permettre, répondit le grand chambellan, je lui avouerai que je n'ai jamais, jusqu'à ce jour, entendu parler d'une créature de cette espèce. En tout cas, ajouta-t-il en revenant à des formes plus convenables à un courtisan, ce qu'il y a de sûr, c'est qu'un tel individu n'a jamais été présenté à la cour. »

«Ma volonté est qu'il paraisse et qu'il chante ce soir devant moi, reprit l'empereur. Comment! tout le monde sait ce que je possède, et moi pas! »

«Je n'ai jamais auparavant entendu prononcer ce nom-là, je puis le certifier à Votre Majesté, » répliqua le grand chambellan en corroborant son dire d'une de ses plus profondes courbettes; « mais je vais me mettre moi-même à la recherche de cet individu jusqu'à ce que je l'aie trouvé. »

Or maintenant, où trouver le mélodieux oiseau? Le grand chambellan se mit à descendre et à remonter les marches des escaliers quatre à quatre, à parcourir en tous sens les salons et les galeries : pas un de ceux qu'il rencontra dans les divers appartements du palais n'avait jamais ouï parler du rossignol. Il s'en vint donc retrouver l'empereur, et lui dit qu'à coup sûr ce ne pouvait être là qu'un de ces contes comme il y en a tant dans les livres.

« Votre gracieuse Majesté doit bien se garder de croire tout ce qui est écrit ou imprimé, » dit-il en touchant la terre avec son front; « c'est une histoire faite à plaisir, ou bien il doit y avoir là dedans quelque chose comme de la magie. »

« Bah! répondit l'empereur, le livre dans lequel je l'ai lu m'a été envoyé par sa toute-puissante Hautesse l'empereur du Japon; donc il ne saurait contenir de mensonge. Bref, je *veux* entendre le rossignol. Il faut qu'il soit ici ce soir, car je suis disposé à lui accorder toute ma faveur. Et puis, songez-y bien, s'il n'est pas arrivé à temps dans mon palais, vous tous, gens de ma cour, tant que vous êtes, vous recevrez à l'heure du souper une bonne bastonnade sur vos estomacs à jeun. »

« Tsing-za ! » s'écria le chambellan en grognant ; et il descendit de nouveau les marches des escaliers quatre à quatre, puis se mit à parcourir en tous sens les salons et les galeries, avec la moitié de la cour sur ses talons. Car parmi toutes ces bonnes gens c'était à qui ferait de son mieux pour éviter les coups de bâton promis à leurs estomacs à jeun. Ils allaient donc furetant de tous côtés et questionnant tous ceux qu'ils rencontraient au sujet de ce remarquable oiseau que chacun dans le reste de l'univers connaissait, mais qui était demeuré parfaitement inconnu à tous les membres de la cour impériale.

A la fin, quand ils arrivèrent à la cuisine, ils avisèrent une pauvre petite laveuse de vaisselle dont le père était marmiton de troisième classe. « Oh ! mes chers messieurs, répondit-elle, le rossignol ! mais je ne connais que lui ! Oh ! qu'il chante bien ! Tous les soirs que j'obtiens la permission d'aller porter à ma pauvre mère malade et alitée qui demeure là-bas, sur les bords de la mer, quelques restes de plats, et que je m'en reviens affaiblie et fatiguée, j'entends chanter le charmant rossignol. Les larmes me coulent alors des yeux, car cela me fait autant de plaisir que si ma chère maman m'embrassait. »

« Petite fille, reprit le chambellan, je te ferai obtenir une bonne place dans la cuisine et je te permettrai en outre de regarder l'empereur dîner, si tu veux nous mener auprès du rossignol, car il est invité ici ce soir. »

Et ils partirent en troupe pour la forêt où le rossignol avait habitude de chanter. La moitié de la cour s'était mise de la partie.

A peine furent-ils arrivés à mi-chemin qu'une vache se mit à beugler.

« Ah ! ah ! s'écria un page, pour le coup nous le tenons enfin ! Cela prouve évidemment qu'il y a une force monstrueuse dans une petite créature si délicate. Chut ! chut ! écoutez ! »

Il me semble cependant que j'ai déjà entendu ces sons-là quelque part ! »

« Oui, assurément ; mais ce n'est que le beuglement d'une vache, reprit la petite laveuse de vaisselle ; nous sommes encore loin de l'endroit. »

Les grenouilles se prirent alors à coasser dans l'étang.

« Délicieux ! ma parole d'honneur, délicieux ! dit le grand écuyer. Pour le coup, je l'entends bien et nous tenons le fameux virtuose. On dirait le tintement des cloches de quelque église ; seulement les sons sont un peu voilés. »

« Eh non ! ce sont des grenouilles que vous entendez là, dit la petite laveuse de vaisselle en le reprenant ; mais je pense bien que vous ne tarderez pas à l'entendre. »

Justement à cet instant, après un court intervalle de repos, le rossignol modula un de ces airs les plus brillamment cadencés.

« C'est lui, » dit alors la petite laveuse de vaisselle en montrant du doigt, sur un arbre, un petit oiseau couleur gris de cendre. « Chut ! chut ! regardez, le voilà ! »

« Est-ce bien possible? dit le chambellan. Jamais de la vie je ne me serais imaginé qu'il avait cet air-là! Comme il paraît simple! Je gage qu'il aura changé de couleur en voyant venir à lui tant de grands seigneurs. »

« Gentil petit rossignol, cria à haute voix la petite laveuse de vaisselle, notre très-gracieux empereur désire ardemment que vous veniez chanter devant lui. »

« Avec le plus grand plaisir, » répondit le rossignol; et il se mit à chanter si délicieusement, que c'était plaisir que de l'entendre.

« On serait, ma parole d'honneur, tenté de croire, dit le grand chambellan, que ce sont de petites clochettes de verre qui tintent l'une contre l'autre. Remarquez donc comme son petit gosier se dilate! Je ne sais en vérité comment il se fait que nous ne l'avons jamais entendu auparavant. Pour sûr, il fera fortune à la cour. »

« L'empereur désire-t-il que je lui chante encore quelque chose? » dit le rossignol, qui croyait que l'empereur était là.

« Charmante petite créature, dit le grand

chambellan, j'ai reçu la flatteuse commission de vous inviter à un grand gala qui a lieu ce soir à la cour, et où, avec vos charmantes chansons, vous jetterez Sa très-gracieuse Majesté Impériale dans le ravissement. »

« Il fait bien meilleur chanter dans les vertes forêts, » répondit le rossignol ; cependant il consentit à les suivre, du moment que c'était le bon plaisir de l'empereur.

Le palais avait été nettoyé de fond en comble, et on l'avait encore plus richement orné que de coutume. Les murs et les plafonds, tous faits de porcelaine plus ou moins transparente, étaient illuminés avec plusieurs milliers de lampes d'or répandant la clarté la plus vive et dont la réflexion, en s'évanouissant à distance, formait une voie lactée toute parsemée d'étoiles. Les fleurs les plus magnifiques, toutes douées des voix les plus harmonieuses, étaient rangées dans les antichambres. Le nombre immense d'allants et de venants produisait partout une foule épaisse ; mais cela ne faisait qu'ajouter à la mélodie des clochettes, et on avait de la peine à s'entendre parler. Au milieu du grand salon où était assis l'empereur, on avait disposé un petit perchoir en or, en guise de place d'honneur réservée au rossignol. Toute la cour était présente, et il n'y avait pas jusqu'à la petite laveuse de vaisselle qui n'eût obtenu la permission de rester derrière la porte à écouter; le fait est qu'elle était maintenant devenue cuisinière en titre. Tous les courtisans étaient en costume de grande cérémonie, et tous les yeux étaient fixés avec curiosité sur le modeste petit oiseau gris à qui l'empereur daigna faire en ce moment un petit signe tout rempli de bienveillance.

Le rossignol chanta alors avec un charme si touchant, que de grosses larmes en vinrent aux yeux de l'empereur, puis elles finirent par couler en abondance le long de ses joues; et pendant ce temps-là, le rossignol de toujours moduler des sons plus suaves et plus touchants. Touchèrent-ils réellement le cœur de l'empereur? c'est ce que j'ignore. Ce qu'il y a de certain, c'est que l'empereur éprouva une telle extase qu'il déclara que le rossignol porterait à l'avenir autour du cou sa pantoufle d'or.

Le rossignol le remercia très-humblement, mais le pria de lui permettre de ne pas accepter un si lourd honneur, ajoutant qu'il se sentait suffisamment récompensé comme cela de ses faibles services. « J'ai vu, dit-il, des larmes venir aux yeux de l'empereur, et je les prise plus que toute chose au monde. Les larmes d'un monarque ont en elles une vertu particulière. Oh! oui, à elles seules elles sont pour moi la plus magnifique récompense. » Et tout en parlant de la sorte, il se remit à chanter de sa voix la plus tendre et la plus enchanteresse.

« C'est bien la plus aimable et la plus complaisante petite créature qu'on ait jamais vue,» dirent les dames l'une après l'autre, en venant former le cercle autour de l'oiseau. Et tout en parlant de la sorte, elles prenaient de l'eau dans leurs bouches, puis elles se mettaient à glousser quand on leur parlait, convaincues qu'elles devenaient ainsi, toutes tant qu'elles étaient, autant de rossignols. En effet, de quoi la vanité de la femme n'est-elle pas capable, surtout pour peu que l'imagination lui vienne en aide ? Il n'y avait pas jusqu'aux gens de service, hommes et femmes, qui ne proclamassent bien haut qu'eux aussi ils étaient dans le ravissement, dans l'extase. Et de fait ce n'était pas peu dire ; car satisfaire ces messieurs et ces dames, contenter leurs caprices et leurs lubies, était sans aucun doute la partie la plus difficile de la tâche de l'artiste. Bref, le succès du rossignol était, comme on dit, pyramidal.

Il fut alors décidé qu'il resterait toute sa vie à la cour, et qu'il aurait une cage en propre, avec permission d'en sortir deux fois le jour et une fois la nuit. Toutefois, il ne pourrait profiter de cette permission qu'escorté chaque fois par douze domestiques chargés tous de le tenir par un fil de soie attaché avec autant de grâce que possible à l'une de ses petites pattes. Il n'y avait en réalité que médiocrement de plaisir à prendre l'air de cette façon, et on eût été plutôt tenté de prendre cela pour la parade forcée de quelque pauvre prisonnier d'État se promenant sur les remparts d'une forteresse.

Pendant ce temps-là, toute la ville, avec ses centaines de milliers de langues, s'entretenait du merveilleux oiseau né dans le pays et pourtant demeuré inconnu pendant si longtemps. Quand on se rencontrait le soir dans les rues, l'un disait *ros*, l'autre *si*, et tous deux s'entendaient à merveille sans qu'un tiers eût besoin d'ajouter *gnol*. Enfin, onze petits porchers chinois, ou tout au moins enfants de porchers, filles et garçons, reçurent en naissant le nom du petit virtuose emplumé, quoique pas un ne pût chanter.

Or, un jour, l'empereur reçut un gros paquet avec ces mots écrits dessus : « Le rossignol. »

«Je gage, dit l'empereur, que voilà encore quelque nouveau livre relatif à notre fameux oiseau.» Mais ce n'était point un livre : c'était un petit bijou de grand prix, exécutant de lui-même les plus jolis airs, et qui avait été empaqueté avec le plus grand soin dans une boîte. C'était un rossignol artificiel, ressemblant comme deux gouttes à un rossignol vivant, sauf qu'il était tout garni de diamants, de rubis et de saphirs. Dès qu'on montait ce curieux oiseau comme on fait d'une montre, il se mettait à exécuter les mêmes cadences, les mêmes modulations que le vrai rossignol; et pendant ce temps-là, sa queue se redressait et s'abaissait toute brillante d'or et d'argent. A son cou était suspendu un petit ruban rouge sur lequel on lisait brodés ces mots dans le style fleuri de ces contrées : « Le rossignol de l'empereur du Japon est bien peu de chose en comparaison de celui de l'empereur de la Chine. »

« Qu'il est donc beau ! » dirent en chœur les dames et les messieurs de la cour; et l'individu qui avait amené l'oiseau, reçut des lettres patentes qui lui conféraient le titre de pourvoyeur de rossignols de Sa Majesté Impériale.

« Il faut à cette heure les faire chanter ensemble, dirent les courtisans : oh! le joli duo que nous allons ouïr. »

Ainsi fut fait. Mais cela alla tout de travers, car le vrai rossignol chantait toujours à sa manière, tandis que le faux oiseau ne filait ses notes qu'au moyen de ressorts et de tuyaux métalliques; de sorte qu'il eût été facile à l'oreille d'un juge expérimenté de distinguer le léger grincement du ressort d'horloge placé à l'intérieur. Le lecteur aura toutefois la bonté de se rappeler que tous ces gens-là n'étaient que des Chinois. D'ailleurs le chef d'orchestre assura de la manière la plus positive que le noble oiseau enfermé dans la boîte avait un jeu des plus brillants et que sa méthode était tout à fait celle qu'il enseignait lui-même dans son école.

On fit ensuite chanter le nouvel oiseau tout seul, et il se tira de cette épreuve avec autant de succès que l'oiseau véritable. Mais aussi quelle dextérité dans son chant; et puis, quel éclat il projetait! Il était tout étincelant de diamants, de bracelets, et d'aigrettes! Il répéta le même morceau trente-trois fois de suite, absolument comme si ses notes eussent toutes été enchevêtrées l'une dans l'autre; et cependant il était infatigable. La cour aurait été bien aise de l'entendre recommencer encore une fois ses chants; mais l'empereur pensa que pour varier les plaisirs de l'assistance ce devait être maintenant le tour du rossignol vivant de lui chanter quelque chose de sa façon. Or, pendant ce temps-là, qu'était-il devenu? Personne n'avait seulement pris garde que saisissant au passage un instant favorable il s'était envolé par la fenêtre pour regagner ses vertes forêts.

« Qu'est-ce que cela signifie? » dit l'empereur en grommelant, quand il apprit l'évasion du petit oiseau gris. Tous les courtisans exprimèrent hautement leur indignation, traitèrent le rossignol d'ingrat, et déclarèrent qu'il n'avait jamais été digne de contempler le radieux éclat de la faveur impériale semblable au soleil.

« Au reste, disaient-ils, nous avons conservé le meilleur des deux; » et l'oiseau prétendu dut faire entendre de nouveau ses airs. C'était pour la trente-quatrième fois que l'habile chanteur, après avoir été tiré de sa boîte avec les plus grandes précautions, faisait entendre à la compagnie le même morceau; cependant, telle en était la difficulté qu'il n'avait pu aller jusqu'au bout. Le premier musicien loua l'oiseau outre toute mesure; il donna même sa parole d'artiste, qu'il chantait beaucoup mieux que le petit monsieur tout de gris habillé (par là il entendait le vrai rossignol); protestant d'ailleurs que le jugement qu'il émettait n'était pas basé sur la richesse de son costume, sur les magnifiques diamants dont il était paré, mais sur sa valeur intrinsèque et réelle.

« Et en effet, remarquez-le bien, messieurs et mesdames, dit-il, et vous avant tous autres, ô magnanime et tout-puissant empereur, il y a impossibilité pour nous de jamais bien préciser le chant modulé par l'oiseau vivant, de savoir exactement comment il commence, comment il continue et comment il finit. Avec l'autre oiseau, au contraire, tout est fixe et régulier. Nous pouvons en rendre le compte le plus détaillé, et même, en cas de besoin extrême, le démonter pièce à pièce, afin que les yeux curieux de l'investigateur s'assurent bien de l'ordre et de la disposition des tuyaux, et en quoi consiste le jeu des différents ressorts. Bref, ces ressorts sont agencés l'un dans l'autre d'après des principes définis et certains, tout aussi immuablement, aussi clairement, que les différents rouages d'une bonne horloge. »

« C'est aussi notre avis ! » s'écrièrent-ils tous ; et le musicien en chef obtint la permission de montrer le lendemain gratis au peuple le merveilleux oiseau ; car le bon empereur disait : «Pourquoi ne donnerais-je pas une fois ce régal à mes sujets puisqu'il ne m'en coûtera pas davantage?» Tous donc entendirent chanter l'oiseau de diamant; et ils furent tous aussi ravis que s'ils se fussent enivrés à boire de leur thé, car c'est là une coutume toute chinoise. Et ils s'écriaient : Oh! en élevant celui de leurs doigts qu'ils appellent *lèche-écuelle*, puis ils se prenaient tous à hocher de la tête. Mais le pauvre pêcheur qui avait entendu dans les bois le vrai rossignol secouait la tête en disant à voix bien basse : « Sans doute, ça ne chante pas mal, et ça ressemble tout à fait à l'oiseau véritable ; cependant il y manque quelque chose, encore bien que je ne puisse pas précisément dire quoi.»

Le vrai rossignol fut alors à jamais banni des États de l'empereur; mais bien loin de se mettre martel en tête de cette sentence de bannissement, il demeura paisible dans son ombreuse retraite.

Cependant, l'oiseau prétendu fut placé avec les plus extrêmes précautions sur un coussin de soie, à côté du chevet de l'empereur. Tous les cadeaux qu'on lui avait faits, soit en or, soit en diamants, étaient exposés et réunis autour de lui; et son titre fut définitivement changé en celui de chanteur ordinaire des desserts de Sa Majesté Impériale, en même temps que dans la classification des rangs on lui accordait le numéro 1 au côté gauche; côté que, dans sa sagesse, l'empereur avait jugé plus honorable que l'autre, attendu que c'est à gauche que se trouve le cœur : or les empereurs eux-mêmes ne l'ont pas autrement placé que le dernier des goujats. Le chef d'orchestre écrivit vingt et un volumes de dissertations sur l'oiseau virtuose. Elles étaient si savantes, si longues, si hérissées des mots les plus difficiles de la langue chinoise, que chacun disait bien vite qu'il les avait lues et comprises. Le fait est qu'il eût fallu être stupide pour ne pas les comprendre : car, dans ce cas, la pénalité du crime de stupidité était la bastonnade sur l'estomac.

Les choses allèrent ainsi pendant toute une année. Sa Majesté Impériale, sa cour et le reste du peuple chinois savaient par cœur les moindres tremblements et fredons du chant de l'oiseau de diamant, et c'était précisément ce qui leur rendait si cher cet être toujours si complaisant et de si bonne humeur. Ils en étaient venus à pouvoir les chanter en chœur, et cela leur arrivait même très-souvent. Dans les rues on entendait les petits apprentis et les gamins fredonner joyeusement en cheminant : Pipipi! Clouck! clouck! clouck! et l'empereur répétait sans cesse ce gracieux motif, mais dans un mode différent. C'était vraiment régalant de les entendre ainsi tous roucouler.

Or, un soir que le prétendu oiseau chantait de son mieux et que l'empereur couché dans son lit l'écoutait plein d'une douce extase, il y eut dans le corps de l'oiseau quelque chose qui fit tout à coup *shr-r-r-roup* et se brisa. Les rouages se prirent à tourner avec une rapidité sans pareille en faisant *sur-r-r-r-r*, puis on n'entendit plus rien; toute musique avait cessé.

L'empereur s'élança en grande hâte hors de son lit, et envoya chercher son médecin. Mais que pouvait à cela un docteur de la Faculté? On courut ensuite quérir l'horloger de la cour, lequel, après beaucoup de bavardage, après avoir toussé, hésité, puis examiné, remit le mécanisme à peu près en état. Néanmoins, il prévint son impérial maître et souverain d'être à l'avenir très-économe du savoir-faire de son chanteur ordinaire; parce que l'usage si fréquent qu'il en avait fait, avait usé et détérioré le mécanisme, qu'il serait désormais impossible de renouveler sans désorganiser toute la musique. Ce désastre causa un deuil général à la cour : le chanteur ordinaire des desserts de Sa Majesté Impériale fut mis à demi-solde, attendu qu'on ne lui permit plus de se faire entendre qu'une fois l'an seulement, et encore non pas sans beaucoup de difficultés et de dangers. Mais alors l'habile chef d'orchestre prononçait un discours tout bourré de ces grands mots dont il raffolait, à l'effet de prouver que, sous le rapport du talent de vocaliste, on ne pouvait pas sans injure pour la réputation de l'oiseau établir de comparaison entre le temps actuel et le temps passé. Le fait est pourtant que l'oiseau prétendu chantait à cette heure tout aussi bien qu'autrefois.

Cinq années s'étaient depuis lors écoulées,

quand un beau jour, le pays tout entier fut mis sens dessus dessous par une nouvelle de la nature la plus alarmante. En effet, tous les sujets étaient animés de la plus loyale affection pour leur maître et souverain, à la mort duquel il n'y avait pour eux absolument rien à gagner, tandis qu'ils pouvaient beaucoup perdre à l'arrivée au trône d'un nouvel empereur. La vérité est que le vieil empereur était tombé dangereusement malade, et, suivant toute apparence ne devait pas tarder à mourir. Déjà un nouveau souverain avait été élu : une foule innombrable de peuple, en proie à la plus extrême confusion, remplissait les rues de la capitale, mais plus spécialement l'immense cour qui se développait devant les fenêtres du palais.

Le pauvre grand chambellan, accablé d'inquiétudes et de soucis, ne savait plus que faire et était littéralement sur les dents. De tous côtés on l'assaillait incessamment avec cette question revenant à chaque instant la même :
« Comment se porte l'empereur ? »

« Hum ! » répondait-il en secouant la tête d'un air grave.

Pendant ce temps, l'empereur gisait tout pâle et déjà froid sur son magnifique lit. Toute la cour le croyait mort, et chacun se pressait d'aller offrir ses respectueux hommages à son heureux successeur. Les laquais s'en allaient bavarder au sujet de ce grand événement dans les cabarets du voisinage, et les servantes du palais prenaient du bon temps, se régalant de thé et de petits gâteaux. Dans les galeries, dans les salons, partout, le grand chambellan avait fait étendre des tapis bien épais, afin qu'on n'entendît point le bruit des allants et venants. Mais le vieil empereur, quoiqu'il fût étendu si roide et si pâle sur son magnifique lit aux grands rideaux de velours relevés par de lourdes ganses en or, vivait encore. Une grande fenêtre fort élevée était restée ouverte dans sa chambre, et la lune semblait considérer avec un sentiment de commisération l'empereur et l'ingénieux oiseau placé près de son chevet.

Le pauvre empereur ne pouvait plus à peine respirer. On eût dit qu'un poids énorme oppressait sa poitrine. Soulevant alors ses paupières déjà presque fermées, il aperçut avec une vive terreur que c'était la Mort qui venait d'établir là son trône, tandis que saisissant d'une main son sceptre impérial, et de l'autre, son magnifique écusson, elle était en train de placer sa couronne d'or sur sa tête décharnée et sans yeux. Des nombreux plis formés par les grands rideaux de velours, s'élançaient une foule de figures étranges, dont quelques-unes tout à fait horribles à voir et les autres aimables et agréables. C'étaient les bonnes et les mauvaises actions de l'empereur qui, maintenant que la Mort avait pris place sur son cœur, fixaient sur lui avec une inexorable sévérité leurs regards scrutateurs.

« Vous rappelez-vous ? » disait l'une ; « vous souvenez-vous ? » reprenait l'autre ; et se succédant ainsi l'une à l'autre, elles lui en contèrent tant, qu'une sueur froide mouilla son front.

« Je n'ai jamais su cela ! » râlait l'empereur de la Chine ; « la musique ! la musique ! le grand tambour, criait-il avec désespoir ; que je ne sois pas forcé d'entendre tout ce dont m'accusent ces insolents fantômes ! »

Mais ceux-ci continuaient toujours, et chaque fois qu'ils disaient quelque chose de nouveau, la Mort hochait de la tête, absolument comme font les Chinois.

« La musique! la musique! » criait toujours l'empereur pendant ce temps-là. Charmant petit oiseau de diamant, chante, oh! chante-moi maintenant quelque chose! Je t'ai donné de l'or et des bijoux; j'ai fait suspendre à ton cou ma propre pantoufle d'or : chante-moi donc, oh! chante-moi donc maintenant quelque chose! »

Mais l'oiseau restait toujours immobile, car il n'y avait là personne qui pût le remonter; or sans cela il lui était impossible de chanter. Cependant, la Mort restait toujours assise sur le corps de l'empereur, et le silence le plus profond, le plus effrayant, régnait tout à l'entour.

Tout à coup, on entend retentir hors de la fenêtre, le chant le plus délicieux : c'est celui du petit rossignol vivant qui est perché sur la balustrade. Il a appris la critique extrémité où l'empereur se trouve aujourd'hui réduit, et il vient lui faire entendre son chant, afin de le consoler et de l'encourager.

Et alors, à mesure qu'il chantait, les mille

spectres qui se jouaient tout à l'heure dans les plis et replis des rideaux, de devenir plus vagues et plus pâles. Le sang, qui déjà s'était presque arrêté, recommença à circuler dans les veines du vieil empereur avec une vivacité de plus en plus prononcée; la Mort elle-même se prit à écouter avec admiration, et ne put s'empêcher de s'écrier : « Continue, petit rossignol, continue ! »

A chaque air nouveau qu'elle entendait, la Mort lâchait un de ses joyaux; et le rossignol continuait toujours. Il chantait tout à la fois avec plus d'éclat et avec plus de touchante douceur, célébrant le paisible cimetière où croissent les roses, où les touffes de sureau imprègnent l'air de leur senteur, et où l'herbe fraîche est arrosée des larmes de ceux qui ont perdu les êtres qui leur furent chers. A son tour alors, la Mort éprouva un si vif désir de regagner son jardin, qu'elle s'envola par la fenêtre comme un froid et humide brouillard.

« Merci, mille fois merci, » s'écria l'empereur qui put alors respirer de nouveau avec facilité. Je te reconnais bien, céleste petit oiseau!

Insensé que j'étais ! je t'ai exilé de mes États, et cependant c'est toi qui par le charme tout-puissant de tes harmonieux accents as seul pu éloigner de mon lit tous ces effroyants fantômes, et chasser la mort loin de mon cœur. Comment pourrai-je te récompenser d'un tel service? »

« J'ai déjà été plus récompensé que je ne le mérite, » repartit le rossignol; « la première fois que j'ai chanté, j'ai fait venir les larmes aux yeux de mon empereur, et c'est là ce que je ne pourrai jamais oublier. Voilà de ces joyaux qui mieux que tous autres réjouissent le cœur d'un chanteur ! Mais maintenant dormez, puis portez-vous aussi bien qu'autrefois : pendant ce temps-là, je m'efforcerai de vous moduler mes accents les plus harmonieux, les plus suaves. »

Le soleil dardait sur lui à travers les carreaux de vitres ses vivifiants rayons, lorsque l'empereur se réveilla, tout rafraîchi et réconforté. Pas un seul de ses serviteurs ne se trouvait là, car tous le croyaient mort depuis longtemps; cependant le rossignol chantait toujours infatigable à côté de lui.

« Il faut absolument que vous restiez avec

moi, dit l'empereur ; vous ne chanterez qu'autant que cela vous plaira ; quant à cet oiseau de diamant, je m'en vais le briser en mille morceaux. »

« Gardez-vous-en bien ! reprit le rossignol, il a fait de son mieux ; ayez-le toujours auprès de vous comme autrefois. D'ailleurs je ne saurais vivre dans un palais, moi ; tout ce que je vous demande, c'est de m'y laisser venir quand bon me semblera. Je m'en viendrai le soir percher sur quelque arbrisseau peu éloigné de votre fenêtre, et là, toujours libre, je chanterai des mélodies qui vous réjouiront le cœur en même temps qu'elles vous feront penser. Mes chants vous entretiendront tantôt des heureux, tantôt aussi de ceux qui souffrent et qui supportent cependant leurs misères avec résignation ; un jour, du bien que vous pourrez faire : un autre, du mal que vous laissez faire et qui vous reste complétement inconnu. Il arrivera que votre petit chanteur ordinaire fera de longues absences ; c'est qu'alors il sera allé visiter la cabane du pauvre pêcheur, la chaumière du villageois — tout ce qui est loin de votre cour et de vous. J'aime bien mieux en vous le cœur que la couronne, quoique cette couronne soit incontestablement entourée d'une espèce d'auréole sacrée. Souvenez-vous-en donc, je viendrai vous trouver de temps à autre et je vous chanterai ce qui vous plaira ; mais il faut que vous me fassiez une promesse. »

« Je vous promets tout ce que vous voudrez ! » s'écria l'empereur, en même temps que revêtu de son magnifique costume impérial qu'il s'était hâté d'endosser, il pressait contre son cœur son sceptre d'or, en gage de la fidélité qu'il apporterait à tenir sa parole.

« J'ai une grâce à vous demander, » ajouta le rossignol, « ne dites à personne qu'il y a un petit oiseau qui vient tout vous raconter : les choses, voyez-vous, n'en iront que mieux ! » A ces mots le rossignol s'envola au loin.

Enfin arrivèrent les serviteurs, curieux de contempler encore une fois leur maître mort. Je vous laisse à penser quelle fut leur stupéfaction quand l'empereur leur dit : Bonjour !

LA PETITE PAIRE D'AMANTS.

LA PETITE PAIRE D'AMANTS.

n Sabot et une Balle se trouvaient un jour dans un tiroir, au milieu d'un grand nombre de jouets.

« Puisque nous voilà ensemble dans le même tiroir, dit le Sabot à la Balle, nous devrions bien faire une petite paire d'amants. »

Mais la Balle, qui était couverte en maroquin et qui pour cela avait tout aussi bonne opinion d'elle-même qu'une jolie petite dame, ne daigna pas répondre.

Le jour suivant, survint l'enfant à qui tous ces jouets appartenaient. Il peignit le Sabot en jaune et en rouge, et fixa dans son centre un clou de cuivre avec une belle tête bien luisante. Rien de joli alors à voir comme ce Sabot pirouettant, tourbillonnant, ronflant sur le plancher bien uni, et qu'on eût pu cependant croire immobile.

« Regardez-moi donc un peu maintenant, » dit-il orgueilleusement à la Balle, » ne pourrions-nous pas comme tant d'autres faire aussi une petite paire d'amants? Nous nous convenons si bien sous tous les rapports! vous sautez, et moi je danse : il n'est donné à personne d'être aussi heureux que nous pouvons l'être. »

« A quoi songez-vous? » répondit avec aigreur la jolie petite dame. « Peut-être ignorez-vous que mon père et ma mère étaient une paire de pantoufles en vrai maroquin, et que j'ai moi-même un morceau de liége d'Espagne dans le corps. »

« Et moi donc! je suis d'acajou massif, repartit le Sabot; c'est monsieur le secrétaire de la mairie qui m'a tourné de ses propres mains, car il possède un tour qui lui offre le plus délicieux des passe-temps. Si vous saviez comme il s'est amusé en me confectionnant ! »

« Ah çà, est-ce bien vrai ce que vous me racontez là ? » dit la Balle avec un ton de défiance évident.

« Si je vous mens, répondit avec chaleur le Sabot, je consens à ne plus jamais recevoir de coups de fouet ! »

« Assurément, reprit la Balle, vous faites un causeur fort agréable, mais je ne puis pas encore vous dire précisément *oui*, car je suis déjà à peu près engagée, et si vous saviez avec quel joli petit moineau ! Chaque fois que je monte en l'air, il met la tête hors de son nid et me dit à voix basse : Voulez-vous ? A part moi, je suis maintenant bien décidée à le prendre, et, en tout cas, puisque j'en suis là, je puis me regarder comme à peu près engagée. Cela ne m'empêche pourtant pas de vous promettre que je ne vous oublierai jamais. »

« Oui ! ça me servira à grand'chose ! » repartit d'un ton grognon le Sabot; et la conversation en resta là.

Quelques jours après, la Balle fut retirée du tiroir. La surprise du Sabot fut grande en la voyant s'enlever comme un vigoureux petit oiseau, puis prendre son essor si haut dans l'air qu'à la fin l'œil avait de la peine à l'apercevoir. Et alors elle retombait bientôt des régions supérieures à terre pour rebondir vivement chaque fois qu'elle touchait le sol. Or, tout ce manége ne pouvait évidemment provenir que de deux causes : ou parce qu'elle languissait après le beau moineau, ou bien parce qu'elle avait un morceau de liége d'Espagne dans le corps. Au dixième coup, elle ne revint plus du tout. L'enfant la chercha vainement pendant longtemps : elle était à jamais partie !

« Je sais bien où elle est, la charmante créature ! se dit en soupirant le Sabot. C'est dans le nid du joli moineau. Elle l'aura épousé, ce moineau ! »

Et plus le Sabot y songeait, plus ses regrets à l'endroit de la Balle fugitive devenaient cuisants. Car, par cela même qu'il ne pouvait plus espérer d'obtenir l'objet de sa flamme, le feu qui le consumait devenait plus ardent. Le mariage de la Balle donnait encore plus de piquant à son aventure et, comme cela arrive toujours, fournissait un nouvel aliment à sa passion : la jalousie. Le Sabot avait beau pirouetter et tourbillonner de plus belle et sans cesse ; quoi qu'il fît, ses pensées étaient constamment avec la Balle, qui, soit qu'il veillât, soit qu'il rêvât, lui apparaissait toujours sous un plus beau jour.

Quelques années se passèrent de la sorte ; et par conséquent son amour finit petit à petit par ne plus être qu'une vieille passion.

Le Sabot n'était plus très-jeune non plus. Un beau jour on le dora complétement : jamais jusqu'alors ni lui ni d'autres ne l'avaient encore vu si splendidement habillé. Il était devenu un Sabot d'or ; et quand il se mettait à courir, il sautait quelquefois avec tant de vigueur qu'on l'entendait ronfler aussi bien que jamais. Je ne sais pourtant en vérité comment il s'y prenait pour pouvoir, dans une disposition d'esprit pareille à la sienne, danser de la sorte. Hélas ! c'est triste et dur à dire. Un jour, il sauta si haut qu'on ne le retrouva plus.

Où était-il? C'est ce que personne ne put deviner.

Le hasard l'avait envoyé rouler dans le tas aux ordures où gisaient paisiblement les uns contre les autres une foule de débris et d'objets désormais inutiles : de vieux trognons de choux, des pelures de pommes de terre, des feuilles de laitue, des balayures, du plâtre et du sable tombé de la toiture et amené là par le tuyau de conduite de la gouttière.

« Allons ! » se dit-il, en élevant la voix fort haut, me voilà en bon lieu ; je ne puis pas tarder ici à être débarrassé de ma dorure ! Et puis, voyez donc un peu la triste compagnie dans laquelle on m'a fourré ! » ajouta-t-il en regardant à la dérobée un vieux trognon de chou qui ne paraissait pas le moins du monde honteux de sa mine sale et jaunâtre. Ses yeux s'arrêtèrent ensuite sur quelque chose de rond et de tout ratatiné, ayant plutôt l'air d'une pomme moisie que d'autre chose. Cependant, au lieu d'une pomme, c'était une vieille Balle toute déchirée, qu'un séjour de cinq années dans la gouttière avait complétement pourrie, et que la pluie avait fini par faire tomber là avec quelques débris de tuiles.

« Oh! quel bonheur de rencontrer enfin quelqu'un de son rang et de sa famille avec qui on puisse causer! » s'écria la balle, et elle regarda longtemps avec stupéfaction le Sabot si brillamment doré. « Telle que vous me voyez, » dit enfin la petite dame qui avait perdu les plus beaux de ses atours et toute sa jeunesse, je suis faite du plus beau maroquin; « j'ai été cousue par les plus jolies petites mains du monde, et j'ai dans mon corps un vrai morceau de liége d'Espagne. Faite comme je suis à l'heure qu'il est, je parie que personne ne s'en douterait! J'étais justement sur le point de me marier avec un moineau, quand je tombai tout à coup dans la gouttière de ce toit, où hélas! je suis restée cinq mortelles années exposée au vent, à la pluie et à toutes les intempéries, tandis qu'aux beaux jours de ma jeunesse je donnais constamment de l'aile, vous pouvez m'en croire. Quand j'étais enfant, je n'aurais jamais pensé qu'un pareil sort me fût réservé. »

Le Sabot ne lui répondit rien; il pensait à

ses vieilles amours, et plus elle en disait, plus il devenait convaincu que ce ne pouvait être autre qu'elle.

A ce moment précisément la cuisinière s'approcha du tas d'ordures pour y vider son panier. « Ma parole d'honneur! » s'écria-t-elle, « voici le sabot d'or de M. Rodolphe! »

Le Sabot fut donc rapporté dans l'appartement où il se trouva tout aussi honoré que par le passé. Au contraire, on n'entendit plus jamais parler de la balle, car le Sabot lui-même se garda bien de dire le moindre mot de sa vieille passion. Hélas! l'amour n'est que trop sujet à s'éteindre et à mourir alors que l'un ou l'autre des fiancés reste exposé, pendant cinq longues années, à la tempête et au malheur dans une sale et humide gouttière! Et on ne reconnaît jamais l'objet de la plus tendre affection quand par hasard on le rencontre dans le tas aux ordures!

LE SAPIN.

LE SAPIN.

L y avait une fois dans la forêt un joli petit sapin. Il y occupait une place charmante, parfaitement exposée à l'air et aux rayons du soleil; et à l'entour croissaient une foule de ses frères, plus grands et plus gros que lui, sapins et pins. Cependant rien de tout cela n'avait autant de prix aux yeux du petit sapin que de savoir qu'il deviendrait grand. Il ne songeait jamais à la bienfaisante chaleur du soleil, à la pureté de l'air; il ne s'inquiétait oncques le

moins du monde des petits paysans qui s'en venaient par là babillant à qui mieux tout en cherchant des fraises et des framboises. Ils arrivaient quelquefois avec une jatte toute pleine, s'asseyaient sous le sapin, puis se disaient : « Que c'est donc bon, que c'est donc joli des fraises ! » Or c'étaient là précisément des propos que le petit arbre ne pouvait pas souffrir.

L'année d'ensuite, il avait grandi de tout un scion de plus ; et l'année suivante, d'un autre encore : car il vous sera toujours facile de savoir l'âge des sapins en comptant le nombre des pousses qui se trouvent au-dessous de la tige.

« Oh ! que je voudrais donc être aussi grand que tous les grands arbres qui m'entourent ! » dit le petit sapin en soupirant. « En effet, je pourrais alors étendre mes branches tout aussi loin qu'eux, et élever assez ma tête pour considérer tout autour de moi l'immensité de l'univers. Les oiseaux viendraient alors bâtir leurs nids dans mes branches : et quand le vent souffle, je m'inclinerais aussi majestueusement que pas un de mes voisins. »

Le malheureux arbrisseau ne prenait aucun plaisir à contempler l'éclat du soleil, à regarder les joyeux oiseaux, non plus que les nuages rougeâtres qui soir et matin naviguaient au-dessus de sa tête. Au temps d'hiver, quand la neige étendait son éblouissant manteau sur toute la nature, quelque lièvre s'en venait bien par là de temps à autre en sautillant; puis tout à coup il sautait par-dessus le petit arbre lui-même. — Oh! que c'était humiliant pour lui! Mais deux hivers de plus s'écoulèrent, et alors le sapin était devenu assez grand pour que le lièvre, au lieu de le franchir lestement, dût se détourner de sa course. « Grandir, grandir, devenir vieux et grand, oh! voilà ce qui seul donne quelque prix à l'existence, » pensait l'arbrisseau.

A l'automne, arrivèrent des bûcherons qui abattirent quelques-uns des plus grands arbres de la forêt. Chaque année ils en faisaient autant et le jeune sapin, qui alors était enfin parvenu à une belle hauteur, commença à trembler pour son avenir; car les arbres les plus grands, les plus magnifiques tombaient à terre avec un fracas effroyable : on arrachait leurs branches: ils paraissaient alors si nus, si maigres, si souffreteux, que vous auriez eu de la peine à les reconnaître. Et puis après, on vous les mettait sur des haquets, et des chevaux vous les emmenaient hors de la forêt...

Où pouvaient-ils aller ainsi? Que devenaient-ils ensuite ?

Au printemps, quand revinrent les hirondelles et les cigognes, le petit sapin leur dit : « Savez-vous où on les emmène? Les avez-vous rencontrés en chemin? »

Les hirondelles n'en savaient rien ; une cigogne au contraire prit son air le plus grave, et après avoir hoché de la tête, lui répondit : « Ah! je le crois bien; en m'en venant ici d'Égypte j'ai rencontré beaucoup de vaisseaux. Sur ces vaisseaux il y avait de grands et beaux mâts. Or, je gagerais que c'étaient eux, car ils exhalaient tout à l'entour une forte odeur de sapin. J'ai souvent eu occasion de leur parler. Ils vous avaient l'air si fiers, si brillants! »

« Oh! que je voudrais donc être assez grand

pour pouvoir à mon tour naviguer sur la mer !
Mais dites-moi un peu ce que c'est que la mer
et à quoi cela ressemble ? »

« Ah ! ce serait beaucoup trop long à vous
raconter ! » repartit la cigogne, et en même
temps elle s'envola bien loin.

« Jouis de ta jeunesse, » lui dirent les rayons
du soleil, « jouis de tes membres si pleins de
force et de séve, jouis de la vie qui réside en
eux. »

Et le vent baisa l'arbre, et la rosée le couvrit de ses larmes ; mais le sapin ne les comprit ni l'un ni l'autre.

A l'approche de Noël, on abattit de tout
jeunes arbres — des arbres qui n'étaient ni
aussi grands, ni aussi vieux que ce sapin inquiet et frondeur, incapable de rester en repos et qui ne demandait qu'à s'en aller bien
loin. On plaçait toujours ces jeunes arbres, et
c'étaient les plus beaux de tous, sur des charrettes, avec toutes leurs branches; et des chevaux les emmenaient hors de la forêt.

« Où donc peuvent-ils aller ? » se dit le sapin. « Ils ne sont pas plus grands que moi ; il y en avait même un beaucoup plus petit que moi. Pourquoi leur laisse-t-on toutes leurs branches à ceux-là? Et où peut-on les conduire? »

« Nous le savons bien, nous le savons, nous, » répétèrent à l'envi les moineaux dans leur ramage. « Nous avons regardé à travers les fenêtres, dans la ville là-bas. Nous savons où on les conduit. Oh! ils vont assister au plus merveilleux spectacle que vous puissiez imaginer. En regardant à travers les fenêtres, nous les avons vus plantés au milieu de beaux appartements bien chauds, et surchargés de si belles choses, de pommes dorées, d'oranges, de pain d'épices, de sacs de bonbons, de jouets de tous les genres, enfin de milliers de bougies.

« Et alors? » demanda le sapin qui tremblait déjà de tous ses membres, « que fait-on d'eux? »

« Ma foi! nous n'en avons pas vu davantage; mais si vous saviez le beau coup d'œil que cela faisait! »

« O combien je voudrais que mon sort fût de suivre ce même sentier si brillant! » s'écria le sapin tout joyeux. « Cela vaut bien mieux que de naviguer à travers la mer. Qu'il me tarde donc d'être avec eux! Qu'il me tarde donc de voir arriver Noël! Je suis grand maintenant et mes branches sont bien fournies, tout autant que l'étaient celles des arbres qui ont été emmenés l'an dernier. Oh! rien que la pensée d'aller en voiture me transporte d'aise! Et ensuite, d'être dans un bel appartement bien chaud avec toutes ces belles choses suspendues à mes rameaux! Et encore — car enfin il faut qu'il y ait encore quelque chose de mieux que ça, autrement pourquoi m'ornerait-on de cette façon? Il faut qu'il y ait ensuite quelque chose de bien plus beau, de bien plus magnifique. Mais qu'est-ce que ce peut être? Oh! qu'il me tarde de le savoir!

«Jouis de notre amour,» lui dirent les rayons du soleil et l'air, «jouis ici de ta jeunesse!»

Mais le petit sapin ne voulait pas entendre parler d'un bonheur comme celui-là. Il devenait toujours plus grand, plus grand, conservant sa sombre mais vivace verdure, l'hiver comme l'été. Ceux qui l'apercevaient disaient: « Le bel arbre que voilà!» Aussi quand vint le temps de Noël, fut-ce lui qu'on abattit le premier de tous. La hache trancha jusqu'à la moelle, et l'arbre tomba à terre en poussant un soupir. Il éprouvait une douleur, un malaise vagues; quelque chose lui disait qu'il ne pouvait plus y avoir de bonheur pour lui, que c'était mal à lui de quitter la terre où il était né et où il avait été élevé avec tant de soin, qu'il ne reverrait plus jamais ses bons vieux compagnons, les petits buissons, les jolies fleurs qui croissaient autour de lui, et peut-être même pas les oiseaux. Il reconnut d'ailleurs qu'un voyage en charrette n'offrait au fond rien d'agréable en soi.

Le petit sapin ne reprit véritablement ses sens que lorsqu'il entendit quelqu'un dire au moment où on le retira de la charrette avec les autres arbres : « En voici un magnifique; ça fera notre affaire ! »

Deux domestiques bien habillés s'en vinrent alors qui vous prirent l'arbre et vous le conduisirent dans un grand et magnifique salon dont les murailles étaient toutes couvertes de glaces et de tableaux. Sur une belle cheminée en marbre blanc intérieurement garnie en faïence, on voyait une belle pendule de bronze doré flanquée de deux beaux vases de porcelaine du Japon servant de support à de grandes lampes Carcel en bronze doré et magnifiquement ciselé. Des fauteuils, des chaises, des sofas, des ganaches tout recouverts du plus beau lampas, et confusément placés; de grandes tables couvertes de beaux livres à images et d'une multitude de joujoux tous plus beaux les uns que les autres et valant bien au moins chacun mille francs, à ce que disaient les enfants qui les contemplaient avec ravissement; voilà ce qu'il aperçut en entrant dans ce salon dont un moelleux tapis aux éclatantes couleurs et au dessin capricieux couvrait tout le plancher. On vous plaça alors le sapin dans une grande caisse de bois remplie de sable en guise de terre, mais il était impossible de reconnaître que c'était là une simple caisse de bois, tant on l'avait artistement dissimulée sous de verts décors! Et puis on l'avait placée sur un si beau tapis! O si vous saviez comme l'arbre tremblait d'attente! Qu'allait-il maintenant lui arriver?

Les dames et les domestiques rivalisaient d'empressement à le couvrir d'ornements. A toutes ses branches on suspendait de petits filets confectionnés avec du papier de couleur, et chacun de ces filets était rempli de prunes confites, de bonbons à liqueur, de dragées et de pralines. On y attachait aussi des pommes et des noix dorées qui avaient l'air d'y avoir poussé naturellement, ainsi qu'une multitude de petites bougies bleues, rouges et blanches. On entremêlait aussi ses rameaux de poupées, qu'on eût été tenté de croire en vie, et comme l'arbre n'en avait encore jamais vu. Enfin, au-dessus du tout, brillait une grande étoile toute pailletée et scintillante d'or, et si belle, si magnifique!

« Oh! la belle lumière, la belle lumière que ça fera ce soir! » criait-on.

« Que je voudrais donc être à ce soir! » pensa l'arbre. « Pourquoi ne se dépêchent-ils pas davantage et n'allument-ils pas déjà les lumières! Mais que m'arrivera-t-il ensuite? Que je voudrais donc que les autres arbres pussent quitter la forêt pour venir me voir ici! Que je

LE SAPIN.

voudrais donc que les moineaux vinssent voltiger près des fenêtres ! Continuerai-je à pousser ici, hiver et été, toujours aussi magnifiquement habillé qu'à présent ?

Ah ! il était bien curieux de savoir ce qui allait se passer ! Mais à chaque désir il éprouvait un violent mal d'écorce ; or les maux d'écorce sont pour les arbres ce que les maux de tête sont pour nous autres hommes.

Enfin on alluma les bougies. Comme c'était brillant, comme c'était donc beau ! L'arbre tremblait de toutes ses branches, de toutes ses feuilles, de sorte que l'un des verts rameaux prit feu tout à coup.

« O ma chère, qu'est-ce que vous faites là ! » s'écrièrent les dames ; et elles eurent en un instant mis dehors la branche imprudente.

Et l'arbre n'osa même plus trembler. Combien en effet n'eût-il pas craint de perdre ainsi quelque chose de sa parure ! Il ne se sentait pas de joie d'être ainsi couvert de belles choses.

Mais voilà qu'enfin les portes jusqu'alors soigneusement fermées s'ouvrent tout à coup, et qu'une troupe d'enfants se précipitent vers l'arbre comme pour l'abattre! Des personnes plus âgées les suivaient marchant d'un pas tranquille. Les enfants s'arrêtèrent d'abord muets de surprise et de ravissement; mais ils ne tardèrent pas à faire retentir le salon de leurs cris joyeux, puis ils se mirent à danser autour de l'arbre, lui arrachant au fur et à mesure chacun des présents dont il était surchargé.

« Que font-ils là?» pensa le sapin; « et que va-t-il maintenant se passer?»

Les bougies brûlèrent jusqu'aux branches, et finirent par s'éteindre. Alors les enfants eurent la permission de complétement dépouiller l'arbre. Ils se précipitèrent dessus avec fureur, de manière à faire craquer toutes ses branches; et s'il n'avait pas été fortement attaché au fond de la caisse, ainsi que l'étoile qui le surmontait, il eût été infailliblement renversé à terre. Les enfants dansaient tout à l'entour en tenant leurs jouets dans leurs bras. Bientôt personne dans la compagnie ne pensa plus à l'arbre, excepté une vieille nourrice qui s'en vint fureter dans ses branches pour voir si d'aventure quelque fruit sec, quelque cornet de bonbons n'y était pas resté oublié.

«Une histoire à présent! une histoire!» s'écrièrent les enfants en se pressant autour d'un homme petit de taille, mais vigoureux, qu'ils entraînèrent vers l'arbre. Il prit place sous son feuillage. «Maintenant,» dit-il, «nous voilà parfaitement à l'ombre, et l'arbre lui-même pourra faire son profit de mon récit. Mais je n'entends vous raconter qu'une seule histoire. Voulez-vous celle d'Ivedi Avedi, ou bien celle de Bonardin, qui tomba du haut en bas de l'escalier, et qui ensuite fit sa fortune dans le monde et finit par épouser la princesse?»

«Ivedi Avedi!» crièrent les uns. «Bonardin, Bonardin!» crièrent les autres.

Pendant tout ce remue-ménage, tout ce vacarme, tout ce bruit, le sapin restait silencieux; et il se disait à part lui: «Est-ce que je ne m'en mêlerai pas? est-ce que je n'y jouerai pas un rôle?» Le fait est qu'il avait jusqu'alors partagé toutes leurs joies et s'était prêté du mieux qu'il avait pu à la circonstance.

Alors le monsieur en question raconta l'his-

toire de Bonardin qui tomba du haut en bas
de l'escalier, ce qui ne l'empêcha pas de faire
son petit bonhomme de chemin et de finir par
épouser la princesse.

On voulut encore avoir l'histoire d'Ivedi
Avedi par-dessus le marché; mais le monsieur
tint bon et ne raconta que celle de Bonardin.
Pendant ce temps-là, le sapin resta silencieux
et méditatif; jamais les oiseaux de la forêt ne
lui avaient raconté rien de semblable.

« Comment! Bonardin tomba du haut de
l'escalier, et cela ne l'empêcha pas de finir par
épouser la princesse! Et oui, certes! c'est ainsi
que se passent les choses dans ce bas monde!»
se dit le sapin qui crut à la vérité entière de
l'histoire, puisque c'était un si beau monsieur
qui la racontait. « Ah! ah! qui sait? Peut-être
moi aussi tomberai-je du haut en bas de l'escalier, et finirai-je par épouser une princesse!»
Et il savoura avec délices la pensée d'être encore orné le lendemain de bougies, de joujoux,
de bonbons et de fruits dorés.

« Demain, je ne tremblerai pas,» se dit-il
encore, « et je jouirai complétement de toute

ma splendeur. Demain, j'entendrai encore l'histoire de Bonardin, et peut-être aussi celle d'Ivedi Avedi par-dessus le marché ! » Et pendant tout le reste de la nuit, l'arbre resta silencieux et méditatif.

Le lendemain matin le domestique et la servante entrèrent dans le salon.

« Allons ! voilà qu'on va me revêtir encore de tous mes beaux atours ! » pensa l'arbre ; mais au lieu de cela, ils l'emmenèrent hors du salon, lui firent descendre l'escalier ; puis, arrivés au vestibule, ils le placèrent dans un coin obscur, à l'entrée de la cave, où ne pénétrait jamais la lumière du soleil.

« Qu'est-ce que cela signifie ? » pensa l'arbre, « que veut-on que je fasse ici ? Je serais bien curieux de savoir ce que j'y entendrai ! » Et il resta appuyé contre la muraille, tout entier à ses réflexions. Il eut tout le temps d'en faire, car bien des jours et des nuits se passèrent sans que personne s'approchât de lui. Et quand enfin quelqu'un le fit, ce ne fut que pour entasser de grandes caisses dans ce coin-là. L'arbre se trouva de la sorte parfaitement caché à la vue, et nous avons nos raisons pour croire qu'on l'oublia là.

« Nous devons maintenant être en hiver, » pensa le sapin; « la terre est dure et couverte de neige. On ne saurait à cette heure songer à me replanter. Il est donc à présumer qu'il me faudra encore rester ici jusqu'au moment où viendra le printemps. Comme c'est bien avisé ! Que les hommes sont donc bons ! Il n'y aurait pas de mal tout de même à ce qu'il fît ici un peu moins sombre et un peu moins triste. Je ne saurais y apercevoir même le moindre lièvre. Comme c'était beau dans les bois, lorsque la neige couvrait le sol, et que le lièvre passait à côté de moi en sautillant, que dis-je ? lorsqu'il sautait par-dessus moi. Cependant, je n'aimais pas qu'il en usât de la sorte avec moi... Il fait tout de même horriblement sombre ici. »

« Et terriblement froid, » dirent alors de petites souris qui passaient par là, « sans quoi, il ferait assez bon vivre ici, n'est-ce pas, vieux sapin ?

« Je ne suis pas vieux du tout, » repartit le

sapin, «et combien n'y en a-t-il pas qui sont beaucoup plus vieux que moi?»

«D'où venez-vous donc?» dirent encore les souris, «et que nous apprendrez-vous?» car ce sont bien les plus indiscrètes petites créatures qui se puissent rencontrer. «Parlez-nous du plus bel endroit de la terre,» ajoutèrent-elles, «y avez-vous jamais été? Êtes-vous jamais entré dans la dépense, là où les fromages sont rangés sur des planches, là où des jambons pendent accrochés au plafond, où l'on peut danser sur des paquets de chandelles, entrer la peau sur les os et sortir gros et gras?»

«Je ne comprends pas un mot de tout ce que vous me chantez là,» repartit l'arbre; «mais je connais parfaitement bien la forêt où brille le soleil et où chantent les oiseaux.» Et alors il leur raconta toute l'histoire de sa jeunesse. Les petites souris n'avaient jamais rien entendu de pareil; elles l'écoutèrent attentivement; puis elles lui dirent: «Oh! que de choses vous avez vues, et comme vous avez été heureux!»

«Moi!» s'écria le sapin en soupirant. Il réfléchit alors à tout ce qu'il venait de leur conter. « Bah! après tout, j'ai eu du bon temps! » s'écria-t-il, et il se mit à leur raconter la fête de Noël, et comment il avait été couvert de bougies et de friandises.

« O mon Dieu! que vous avez donc été heureux, vieux sapin! » dirent les petites souris.

« Je ne suis pas vieux du tout, » reprit l'arbre ; « c'est cet hiver même qu'on m'a amené ici de la forêt. Je suis dans toute la fleur de la vie ; seulement, je suis peut-être un peu trop grand pour mon âge. »

« Comme vous racontez bien une histoire! » ajoutèrent les petites souris, et la nuit suivante, elles amenèrent quatre autres petites souris entendre l'arbre raconter son histoire. Et plus le pauvre sapin parlait, mieux il se rappelait le passé. Oh! c'était un bon temps que celui-là, se disait-il à lui-même ; mais il peut encore revenir. Bonardin est bien tombé du haut en bas de l'escalier, et cela ne l'a pas empêché de finir par épouser la princesse ; donc il se peut que moi aussi je finisse par avoir une princesse. » Et alors le sapin songeait à un joli petit bouleau qui croissait non loin de lui dans la forêt, et qui, suivant son opinion, était bien la plus belle princesse qu'on pût voir.

« Qu'est-ce donc que ce Bonardin? » demandèrent les petites souris. Et le sapin leur raconta toute cette histoire dont il n'avait pas oublié la moindre syllabe. Les petites souris en furent si ravies, qu'elles faillirent sauter de joie jusqu'au sommet de l'arbre. La nuit suivante, il vint une bien plus grande quantité de souris, et une autre nuit deux rats aussi. Mais ces messieurs ne trouvèrent pas l'histoire de Bonardin amusante du tout; cela fit beaucoup de peine aux souris, et alors elles pensèrent beaucoup moins de bien de cette charmante histoire qu'auparavant.

« Ah ça! est-ce que vous ne savez que cette seule histoire-là? » lui demandèrent les rats d'un ton impertinent.

« Rien que celle-là, » répondit l'arbre; « je l'ai entendu raconter le soir le plus heureux de ma vie; mais alors j'ignorais combien j'étais heureux ! »

« Eh bien, c'est là une pitoyable histoire, »

répliquèrent les rats; « ne sauriez-vous pas nous en raconter une où il soit question de lard, de chandelles, enfin une bonne histoire d'office, de dépense, de garde-manger?»

«Non! en vérité,» dit l'arbre étonné.

«Eh bien, en ce cas, bonjour!» répliquèrent les rats; et ce disant, ils tournèrent le dos à la compagnie.

Les petites souris, elles aussi, finirent par s'en aller; et l'arbre resté seul, se dit en soupirant : «Que c'était donc amusant quand elles étaient là, toutes assises autour de moi, ces jolies petites souris, écoutant mon histoire de toutes leurs oreilles! Hélas! tout est fini maintenant. Oh! je n'oublierai pas de bien me réjouir, de bien m'amuser, quand on me fera sortir de nouveau!»

Or, quand cela arriva-t-il? Ce fut un matin qu'on vint par hasard ranger dans ce réduit-là. On en ôta les caisses, on tira l'arbre de son coin, sans la moindre précaution, brutalement. Cependant un des domestiques le tira près de l'escalier, là où il faisait clair.

«Ah! voilà la vie qui me revient!» pensa

l'arbre qui sentait enfin l'air frais et la douce chaleur des rayons du soleil. On le mit ensuite dans la cour; mais tout cela se fit si promptement, que l'arbre oublia de se regarder lui-même, tant il avait de choses à regarder autour de lui. Cette cour touchait au jardin où tout était alors en fleur. Les roses pendaient aux gracieux treillis, pleines de fraîcheur et de parfums, les tilleuls étaient en fleur et les hirondelles voltigeaient à l'entour en disant : « *Quirrevirrevit !* mes fidèles amours sont revenues ! » Mais ce n'était pas du sapin qu'elles voulaient parler.

« Ah ! maintenant enfin je vais revivre, » s'écria le sapin, et il étendit ses branches. Mais hélas ! elles étaient toutes sèches et toutes jaunes, et on le rejeta alors dans un coin au milieu d'orties et de mauvaises herbes toutes fraîches arrachées. Cependant l'étoile de papier doré se balançait toujours à son sommet et scintillait maintenant aux rayons du soleil.

Quelques-uns des joyeux enfants qui, au jour de Noël, avaient dansé en rond autour de l'arbre, et qui s'étaient tant amusés ce soir-là, jouaient dans la cour. L'un des plus jeunes accourut alors et enleva l'étoile d'or.

« Voyez donc un peu ce qui était attaché à ce vilain sapin! » dit-il, et il foula aux pieds les branches de l'arbre, jusqu'à ce qu'elles craquassent de nouveau.

Le sapin aperçut à ce moment les fleurs du jardin, alors dans toute la fraîcheur de leur beauté; puis il se regarda lui-même, et plein de confusion, il se prit bien vite à regretter de ne pas être resté confiné dans le sombre coin du vestibule, à l'entrée de la cave. Il se rappela ensuite sa joyeuse jeunesse dans la forêt, la tant joyeuse nuit de Noël et les si jolies petites souris qui avaient écouté avec tant d'attention l'histoire de Bonardin.

« C'est fini! c'est fini à jamais! » dit le pauvre sapin; « que ne me suis-je amusé tandis que je le pouvais! C'est fini! fini à jamais! »

Survint en ce moment le domestique qui vous coupa l'arbre en petits morceaux et qui vous en fit un fagot. On vous le plaça dans la vaste cheminée de la cuisine où bientôt il jeta la lueur la plus vive en pétillant avec fracas.

De sorte que les enfants qui jouaient dans la cour accoururent voir ce beau feu, en criant «pif! paf!» tandis qu'à chacun de ses petillements le pauvre sapin songeait à ses beaux jours d'été dans la forêt, et à ses belles nuits d'hiver éclairées par la lueur vacillante des étoiles; il songeait aussi à la nuit de Noël, et à l'histoire de Bonardin, — la seule qu'il sût au monde, la seule par conséquent qu'il pût raconter. Puis il s'affaissa sur lui-même et tomba dans l'âtre, complétement réduit en cendres.

Pendant ce temps-là, les enfants étaient revenus jouer dans le jardin, et le plus jeune d'entre eux avait placé sur sa poitrine l'étoile d'or dont le pauvre sapin avait été couronné pendant la plus heureuse soirée de sa vie. Elle était finie depuis longtemps, et n'avait duré qu'un instant; tout maintenant était fini également pour l'arbre, comme ce l'est aussi pour mon histoire. C'est fini! fini à jamais! Hélas! c'est ce qui arrive à toute chose ici-bas!

LE PETIT CANARD VERT.

LE PETIT CANARD VERT.

I faisait dans la campagne le plus délicieux temps du monde, car le soleil d'été brillait dans toute sa beauté. Le blé était mûr, les chênes étaient verts : dans les prairies, le foin avait été mis en meules qui avaient tout l'air de monticules d'herbe ; et la cigogne au long bec emmanché d'un long cou se promenait çà et là sur ses longues jambes rouges, parlant égyptien à tout venant, car c'est la langue que lui avait apprise sa mère.

Tout alentour, dans les champs et dans les

prairies, s'élevaient des taillis plus ou moins épais, développant çà et là leur verte ceinture autour de lacs aux eaux profondes et à la surface unie que la brise venait rider par instants. Oh! oui, la campagne était alors admirable. Un vieux manoir, avec ses remparts flanqués de fossés, s'élevait là au radieux éclat du soleil, aussi fier, aussi féodal qu'il avait pu l'être jadis. Depuis l'extrémité supérieure du rempart jusqu'au bord de l'eau croissait toute une forêt de pas-d'âne. Les jets en étaient si grands, si élevés, que de petits enfants auraient pu aisément se tenir tout debout sous leur ombrage. Vous eussiez été tenté de vous croire là dans un petit désert, tant les herbes y poussaient avec une vigoureuse indépendance, et tant il y régnait de calme.

Une cane était assise là dans son nid, s'appliquant de son mieux à faire éclore une petite couvée. Mais elle était fatiguée de cette fastidieuse tâche, quelque importante qu'elle fût à ses yeux, parce qu'elle lui prenait beaucoup de temps et qu'elle était cause qu'on venait rarement la voir. Les autres canards aimaient en effet bien mieux nager dans les fossés et dans les étangs d'alentour, que de s'en venir là percher à l'étroit pour causer un peu avec la pauvre et tendre mère.

Enfin « crac! » fit un œuf; « crac! » fit un autre, puis un troisième, un quatrième, un cinquième et un sixième. « Pip! pip! » cria quelque chose; « pip! pip! » répondit-on de tous côtés plus d'une douzaine de fois. Les jaunes de tous les œufs étaient soudainement arrivés à la vie; et les petits êtres à moitié nus élevaient tout ébahis leurs têtes au-dessus d'une habitation devenue bientôt pour eux aussi incommode que peu sûre.

« Couic! couic! » disait la mère; et alors tous ces petits êtres se pressaient le plus qu'ils pouvaient, regardant autour d'eux, comme s'ils voulaient jouir de la vue du vert feuillage qui les entourait; et la mère les laissait regarder tout à leur aise, parce qu'elle savait qu'il n'y a rien de si bon pour les yeux que le vert.

« Que l'univers est donc grand! » dit l'un des petits canetons; et de fait ils avaient là devant eux pour s'ébattre un espace bien autrement vaste que l'œuf dans lequel ils étaient restés jusqu'alors.

« Pensez-vous, répondit la mère, que ce soit là tout l'univers? oh! il s'étend bien au delà de ce jardin et encore du petit champ où paît en ce moment la vache de M. le curé. Cependant jamais je ne suis allée si loin. Ah çà! j'espère bien que vous êtes maintenant tous là,» ajouta-t-elle de ce ton inquiet qu'une mère seule peut avoir. Et ce disant, elle se leva sur ses pattes; quoique, en agissant ainsi, sa petite progéniture gazouillante s'en trouvât toute dérangée, quelque précaution qu'elle y mît. «Mais non, ils ne sont pas encore tous là, dit avec un profond soupir la couveuse fatiguée. Le plus gros œuf y est toujours : combien ça durera-t-il encore? J'en suis vraiment malade...»

« Eh bien, comment ça va-t-il à présent?» demanda alors un vieux canard qui venait rendre une visite en règle à son amie.

« Il reste toujours un œuf à éclore, répondit la cane d'un ton plaintif. Il faut que la coquille en soit trop dure pour que la pauvre petite créature ait la force d'y faire un trou.

Mais vous allez voir les autres : ce sont bien les plus délicieux petits êtres qui aient jamais réjoui le cœur d'une mère. »

« Maintenant faites-moi voir l'œuf qui ne veut pas éclore, dit le canard d'un ton capable. Il faut, vous pouvez m'en croire, que ce soit un œuf de dinde; j'y ai moi-même été une fois attrapé, et je vous laisse à penser la rude besogne que j'ai eue avec cette marmaille-là; car il faut que je vous dise qu'ils avaient une peur, mais une peur de l'eau ! Que de fois j'essayais de les tromper ! comme je vous les grondais et rudoyais de la belle façon ! Rien n'y faisait, ils étaient décidés à n'y jamais mettre les pieds. Mais faites-moi donc voir cet œuf si têtu. Oui, c'est bien ça : c'est un œuf de dinde ! Vous êtes trop bonne de vous inquiéter d'un idiot de cette espèce. Que ne quittez-vous tout de suite votre nid, et ne donnez-vous aux autres une bonne leçon de natation ! »

« Non, je préfère rester ici un peu plus de temps, » répondit la vieille cane en secouant la tête. « Comme voilà déjà longtemps que je les couve, quelques jours de plus ou de moins ne sont pas une affaire. Non : je resterai, dussé-je y perdre tout le temps que nous pouvons donner au plaisir. »

« Eh bien, à la bonne heure! faites ce qu'il vous plaira, » repartit d'un ton goguenard le vieux canard ; et il prit congé d'elle avec assez d'impertinence. « Cet imbécile-là lui donnera pas mal de fil à retordre, » pensa-t-il sagement à part lui en s'en allant.

Enfin, le gros œuf vint à éclore : « Pip! pip! » cria le petit nouveau venu tout effrayé, ou plutôt le petit paresseux, en sortant sa tête et ses pattes de la coquille. C'était à vrai dire quelque chose de fort laid et de très-grand. Sa mère osait à peine le regarder; et plus elle le regardait, moins elle savait ce qu'elle devait dire. Enfin elle s'écria tout à coup : « L'horrible petite créature que cela fait! Mais serait-ce bien un imbécile de coq d'Inde? Attendez un peu : il ne me sera pas difficile de savoir bientôt à quoi m'en tenir là-dessus. Il ira dès demain à l'eau ; car sans faire à ce sujet d'inutiles frais de paroles, je vous l'emmènerai tout à coup avec moi : et s'il ne peut pas nager et plonger de la bonne façon, il faudra qu'il se noie — et cela lui apprendra. »

Le lendemain, le temps était délicieux. Jamais les rayons du soleil n'avaient brillé d'un si vif éclat sur les feuilles sonores des pas-d'âne. La mère cane s'en vint en canetant avec toute sa petite famille sur ses talons. Platsch! fit-elle tout à coup, et au même instant elle entra dans l'eau. « Couic! couic! » cria-t-elle, et les petits canards de suivre son exemple l'un après l'autre. Pas un ne demanda à rester en arrière. L'eau passait bien de temps à autre par-dessus leurs têtes, mais ils reparaissaient tout de suite à la surface et savaient déjà admirablement nager. Leurs pattes allaient d'elles-mêmes : tous étaient là, jusqu'à ce vilain petit paresseux tout gris qui nageait aussi joyeusement que pas un de la bande.

« Allons! décidément ce n'est point un coq d'Inde, dit la vieille cane; voyez donc un peu avec quelle agilité le petit gaillard vous joue des pattes! comme il se tient droit! Le fait est que c'est une fort jolie petite créature dont il me faut avoir bien soin. Couic! couic! viens avec moi, mon petit chéri; je t'introduirai dans le grand monde, et je te présenterai à toute la basse-cour; seulement, aie bien soin de rester auprès de moi, sans cela on te foulerait aux pieds; mais surtout gare au chat! »

Et en parlant de la sorte elle conduisit tous ses petits dans le poulailler. Il s'y faisait précisément en cet instant un terrible brouhaha; car deux respectables femelles se querellaient au sujet d'une tête d'anguille; mais le chat les mit bientôt d'accord en vous emportant avec lui l'objet du litige.

« Voilà pourtant comme va le monde! » dit la vieille cane en se léchant le bec, car elle n'aurait pas été fâchée d'avoir, elle aussi, sa part de la tête de l'anguille. «Maintenant courbez vos pattes, dit-elle à part à ses petits, et saluez polimnet, par une gracieuse courbette du cou, ce vieux canard que vous voyez là-bas, et qui est très-incontestablement le plus grand des êtres de céans. Il est de véritable race espagnole, c'est ce qui fait qu'il a l'air si avantageux et si content de lui-même. Voyez donc, il a un morceau de chiffon rouge à la patte gauche : c'est la plus glorieuse distinction que jamais canard puisse obtenir. Elle signifie que bêtes et gens, chacun doit ici l'honorer et le respecter, et que le rare bonheur de pouvoir passer ses jours en paix lui est échu en partage. Dépêchez-vous, mes enfants; mais au nom du ciel ne tournez pas comme cela vos pattes en dedans. Un enfant bien élevé tient toujours les pattes en dehors, comme papa et maman; faites comme moi, et obéissez-moi bien en tout. En outre, quand vous vous inclinez ou lorsque vous saluez, n'oubliez jamais de donner une courbure gracieuse à votre cou ; puis alors dites hardiment : couic! couic! mais pas une syllabe de plus. »

Ainsi firent-ils tous. Mais les autres canards qui se trouvaient là les regardèrent d'un air dédaigneux, et se prirent à dire assez haut pour être entendus : « Par ma foi! elle avait bien besoin de nous amener ici cette stupide couvée, comme si déjà nous n'étions pas assez sans cela; quelle horreur que cet être gras et laid que voilà! nous ne voulons pas d'un monstre pareil parmi nous! » Et au même instant un effronté canard courut sur le pauvre petit intrus vert et le mordit au cou tant qu'il put.

« Laissez-le donc tranquille ! s'écria la mère indignée ; il ne vous fait aucun mal, et je ne souffrirai pas que vous le maltraitiez. »

« C'est possible, repartit l'insolent canard, mais il est trop grand pour son âge, et d'ailleurs il est si laid ! Il est donc nécessaire qu'il apprenne à vivre. »

« Tous les petits enfants de la mère sont réellement bien gentils, dit alors le vieux canard au chiffon rouge à la patte, bien gentils en vérité tous, à l'exception de cet individu qui est loin d'être parfait. »

« J'en suis bien fâchée, monsieur, repartit la mère de la couvée, en faisant un violent effort sur elle-même pour dissimuler sa mortification ; certes il n'est pas beau, mais il a d'excellentes dispositions et il nage aussi bien que pas un des autres ; je pourrais même dire qu'il nage mieux. Je crois qu'il sera fort gentil quand il sera un peu plus âgé, si au lieu de grandir il s'arrondit et acquiert de plus justes, de plus gracieuses proportions. Il est resté trop longtemps dans son œuf; c'est ce qui fait que sa taille a un peu souffert. »

Tout en parlant ainsi en faveur de son malheureux petit enfant, la cane s'efforçait de faire reluire son uniforme vert foncé là où il avait été endommagé, unissant à l'aide de son bec ses plumes ébouriffées, et remettant autant que possible tout en ordre. « Car soyons justes, continua dans sa sollicitude la tendre mère, on n'exige pas chez un canard cette élégance, cette délicatesse, cette rondeur de formes qui font le principal attrait d'une cane. M'est avis que ce petit gaillard-là finira par devenir quelque jour un fort joli cavalier, et je ne crains pas de dire qu'il fera son chemin. »

« Les autres petits sont vraiment de charmantes créatures, dit encore le vieux canard de race espagnole; faites comme si vous étiez chez vous, mes petits amis, ajouta-t-il, et si vous trouvez une tête d'anguille ou quelque chose comme cela, n'oubliez pas de me l'apporter. »

La nouvelle couvée se trouva donc bientôt tout à fait chez elle. Seul, le pauvre oiseau vert sale qui était si laid et qui était sorti si tard de son œuf, était conspué, bourré, battu, mordu par les canards et par tous les autres oiseaux de la basse-cour. « Il est trop grand, » disaient-ils tous en chœur; et ce bravache de coq d'Inde qui se croyait presque l'égal d'un empereur parce qu'il portait des éperons, se rengorgeait pendant ce temps-là et s'enflait comme un navire qui a toutes voiles dehors; et plus, dans sa folie, il faisait ainsi le rodomont, plus sa crête orgueilleuse devenait rouge. Le pauvre caneton honni et persécuté ne savait plus où il en était ni que devenir. Le chagrin des mauvais traitements dont il était victime dans le poulailler à cause de sa prétendue laideur, pesait bien lourdement sur son cœur innocent.

Les choses allèrent ainsi tout le long du premier jour, et ensuite elles ne firent qu'empirer encore. Le petit canard vert sale qui était si laid devint la bête noire de tous, jeunes et vieux. Ses frères eux-mêmes le regardaient de fort mauvais œil et ne se gênaient point pour lui dire : « Si le chat pouvait t'emporter, vilain laidron ! » Jusqu'à sa propre mère qui, succombant sous le poids du désappointement, disait souvent en soupirant : « Oh ! combien je souhaiterais de ne t'avoir jamais couvé, et que je voudrais donc te voir loin d'ici ! »

Les canards le mordaient, les poules s'en venaient le frapper sans pitié de leurs becs; et la fille de basse-cour qui leur apportait à tous à manger, le foulait souvent de ses pieds.

Il finit alors par tenter un effort désespéré : il s'envola aussi loin que ses jambes fatiguées et ses faibles ailes purent le porter; et, quoique la terre boueuse sur laquelle il lui fallait fuir ne fût pas son élément, il parvint, comme soutenu par quelque pouvoir surnaturel, à franchir les palissades qui entouraient le poulailler.

Sur son passage les petits oiseaux chanteurs abandonnaient avec effroi les buissons. « C'est parce que je suis si laid, » pensa le pauvre petit fugitif, en fermant les yeux. Néanmoins, guidé par l'instinct, il ne cessa pas pour cela de toujours aller en avant, se dirigeant vers un point vague et inconnu. C'était un vaste marais tout entouré de bois et où habitaient un grand nombre de canards sauvages. Il y resta toute la nuit, triste, à moitié mort de fatigue et ayant à peine la conscience de lui-même. Pendant ce temps la lune brillait de sa clarté la plus douce; et on eût pu volontiers croire qu'elle raillait les grenouilles au cœur joyeux lorsqu'elles sautaient de l'herbe dans l'eau, puis de l'eau sur le gazon, dansant à la ronde comme autant de vilaines petites fées.

A la pointe du jour les canards sauvages quittèrent, à l'aide de leurs ailes frémissantes, leurs lits humides et mous pour s'élever dans la bleuâtre atmosphère d'été. Ils regardèrent avec étonnement leur nouveau camarade. « Quel drôle de petit corps ! » s'écrièrent-ils ; « d'où peut-il venir ? » Et pendant ce temps-là l'étranger au plumage vert sale se tournait avec le plus de politesse qu'il lui était possible, tantôt d'un côté, tantôt d'un autre, saluant à droite, puis à gauche, avec plus de grâce qu'une maîtresse à danser, toutefois avec moins de désinvolture qu'un maître à danser.

« Vous êtes désespérément laid, mon cher, lui dirent les canards sauvages, mais cela nous est à peu près égal pourvu que vous ne vous mariiez pas parmi nous. »

Le pauvre malheureux souffre-douleur! Il n'avait certes jamais pensé à se marier. Tout ce qu'il demandait, c'était de pouvoir rester tranquille au milieu des joncs et boire un peu d'eau marécageuse.

Et il était là depuis deux jours pleins, seul et abandonné de tous, lorsque survinrent enfin deux jars sauvages. Leur joie, leur pétulance étaient extrêmes, car eux aussi ils étaient tout frais sortis de leur œuf.

« Écoutez donc un peu, vous là-bas qui êtes laid, l'individu à l'habit vert, lui crièrent-ils; savez-vous bien que nous vous avons pris en amitié? Venez-vous-en avec nous et partons tous ensemble. Tout près d'ici se trouve un autre marais, où habitent quelques magnifiques oies sauvages, de délicieuses petites créatures qui sont restées tout l'automne dernier sans galants. Vous ne pouvez manquer d'avoir un succès fou auprès d'elles, car vous êtes bien assurément un chef-d'œuvre de laideur! »

Pouf! paf! fit à ce moment quelque chose qui partit au-dessus de leurs têtes, et les deux jars sauvages tombèrent morts, tandis qu'en même temps l'eau se rougissait tout alentour de leur sang. On entendit encore pouf! paf! et des bandes entières d'oies sauvages s'envolèrent du milieu des herbes et des roseaux. Les décharges se succédèrent rapidement, car c'était ce jour-là grande chasse sur la terre de laquelle dépendait ce marais. Les chasseurs entourèrent la pièce d'eau, et quelques-uns se postèrent même dans les arbres dont les branches s'étendaient au-dessus des roseaux. La fumée bleuâtre s'échappait en nuages à travers le feuillage sombre et vert et remplissait l'horizon à la ronde, de formes vagues ayant l'apparence de spectres. Les chiens allaient et venaient dans l'épais marécage, faisant jaillir de tous côtés l'eau en larges éclaboussures, sans le moins du monde se soucier de la brise qui retentissait si mélancoliquement en se heurtant contre les ondoyantes tiges des roseaux. Ce fut là un terrible sujet d'effroi pour notre pauvre petit canard. Il essaya bien un instant de cacher sa tête sous ses ailes, afin de ne rien voir de l'horrible spectacle qu'il avait sous les yeux ; mais survint tout à coup un grand et effroyable chien dont la langue rutilante pendait hors de sa bouche et dont les yeux brillaient d'une sanguinaire ardeur. Le monstre arriva reniflant, flairant, et entr'ouvrant toutes grandes ses mâchoires, juste à côté du pauvre petit oiseau qui cette fois se crut bel et bien perdu ; sa gueule ressemblait à un gouffre béant et menaçant, et une effroyable rangée de dents apparaissait montrant les armes offensives et défensives de ce dévorant ennemi. Il arriva en faisant jaillir l'eau de tous côtés au loin, mais il fut assez généreux pour continuer sa route sans daigner prendre sa facile proie.

« Oh ! je lui dois en vérité beaucoup de reconnaissance ! » s'écria en soupirant l'oiseau au plumage vert sale ; « je suis si laid que ce chien avide ne daigne même pas me donner un coup de dent ! » Il resta de la sorte tout coi et bien tranquille là où il se trouvait, sans bouger le moins du monde, pendant que les grains de plomb sifflaient au-dessus de sa tête à travers les roseaux, et que les détonations d'armes à feu se succédaient comme si on eût bombardé une forteresse.

Il était tard dans l'après-midi lorsque le bruit des décharges cessa peu à peu. Le pauvre petit canard qui avait été si miraculeusement sauvé, n'osa pas cependant s'aventurer loin de sa cachette. Il attendit plusieurs heures avant de se décider à lever avec précaution sa tête de dessous ses ailes, et regarda alors timidement tout autour de lui; puis tôt après, il s'éloigna avec le plus de rapidité qu'il put de cette scène de carnage et d'horreur. Si naguère il avait abandonné le poulailler avec épouvante, il prit maintenant la fuite avec bien autrement de terreur. Il franchit de son mieux les champs et les prairies, s'efforçant de s'éloigner toujours davantage de cet affreux marais, où il avait pourtant cru un instant pouvoir trouver un si paisible asile. Une tempête violente qui s'éleva au coucher du soleil, ne daigna pas montrer la moindre compassion pour le petit fugitif à peine vêtu à moitié de ses plumes, de sorte qu'il lui devint très-difficile de continuer sa route et qu'il commença à perdre de ses forces.

Ce soir-là néanmoins il atteignit une chétive

chaumière réduite à un si misérable état de délabrement, que si pour le moment elle restait là comme elle était, c'est qu'elle ne savait pas encore bien de quel côté elle devait tomber. Le pauvre oiseau se glissa du mieux qu'il put dans le chaume qui recouvrait les pans de cette chaumine; le vent tourbillonnait avec tant de violence et le secouait si rudement, qu'il dut se tapir sous sa queue pour ne point être emporté au loin. La tempête finit toutefois par s'apaiser : et alors le petit canard s'aperçut à sa grande joie que la porte vermoulue de la chaumière était entre-bâillée, de sorte qu'elle offrait une ouverture assez grande pour qu'il pût se glisser dans la salle basse. Certes cette chaumière, par son aspect, ne lui promettait pas de grandes commodités; mais après tout elle était encore assez bonne pour lui servir d'abri, et le petit étranger se décida donc à y entrer.

Une vieille femme demeurait là avec son chat et une poule.

Le chat faisait si bien ron ron, qu'on eût cru entendre le jeu d'un rouet; aussi disait-on de lui qu'il n'y avait pas de fileur pareil, sans compter qu'on n'avait qu'à caresser pendant quelque temps sa robe à contre-poil, pour en faire jaillir de belles étincelles. La vieille femme, par manière de flatterie, ne l'appelait jamais que mon fils. De son côté, la poule était perchée sur des pattes très-courtes, de sorte qu'on ne l'appelait que petite-patte. Elle pondait régulièrement les plus beaux œufs du monde, et sa maîtresse l'aimait comme son propre enfant. La paix et le bonheur habitaient d'ailleurs sous ce chancelant petit toit de chaume, ainsi que cela arrive si souvent sous des toits du même genre.

Le matin, on eut bientôt découvert cet hôte aussi étrange qu'indiscret; le chat commença à filer, et la poule à glousser.

« Qu'est-ce que tout ce vacarme-là? » dit la vieille femme, qui se mit immédiatement à fureter dans tous les coins de sa maison; et en apercevant notre petit et chétif oiseau elle le prit pour quelque canard du voisinage, qui dans l'obscurité s'était égaré de ce côté.

« Voilà, ma foi, qui me va à merveille! »

s'écria-t-elle avec une joyeuse surprise. « Peut-être aurai-je maintenant des œufs de cane! Il faudra que j'essaye. »

Or, messire chat était le véritable maître de céans, tout comme la poule en était la maîtresse. Aussi en parlant d'eux-mêmes disaient-ils toujours: «Nous et le monde.» Le petit canard ne pouvait à la vérité s'empêcher de penser que probablement deux opinions existaient à ce sujet; mais la poule ne voulait pas entendre raison ni permettre le moindre doute là-dessus.

« Savez-vous pondre des œufs? » disait-elle.

« Non! »

« Eh bien, ayez l'obligeance de clore votre bec! »

Et le chat de lui dire à son tour: « Savez-vous filer? savez-vous faire ron ron? »

« Non! »

« Eh bien, gardez-vous de souffler mot quand des gens sensés parleront devant vous. »

Et le pauvre petit oiseau vert se tenait tout tristement dans un coin, luttant vainement contre la mauvaise humeur dont ses deux entêtés compagnons étaient la cause, mais qu'ils ne partageaient certes pas. Il songeait bien souvent au bon air frais et aux joyeux rayons du soleil des champs. Il éprouvait alors un si vif désir, une envie si poignante de nager sur la surface de l'eau bleuâtre, de barboter dans le liquide élément, et de s'en donner encore une fois à cœur joie, qu'après une nuit passée sans sommeil il ne put pas s'empêcher de communiquer ses pensées à la poule.

« Quelles sottes lubies vous mettez-vous maintenant dans la tête ! » lui répondit la poule d'un ton plus sec que ne lui avait encore permis son humeur placide. « Vous n'avez rien à faire; et c'est précisément votre fainéantise qui cause vos tourments, qui est l'origine de vos stupides caprices... Tâchez d'être bon à quelque chose, de pondre des œufs ou bien de filer un peu, et tout cela vous passera bientôt. »

« Ah ! si vous saviez combien il est délicieux de nager sur l'eau, reprit en soupirant le petit canard; quel plaisir c'est de plonger tout au fond, puis de regarder la lune à travers le brillant et liquide cristal ! »

« Oui, ma foi, voilà un beau plaisir ! » repartit la poule, qui finit par se fâcher. « Je crois, en vérité, que vous êtes fou ! Interrogez plutôt Grosminet ; c'est bien le personnage le plus sensé de ma connaissance. Allez un peu lui demander s'il aime à nager sur l'eau, ou encore à plonger jusqu'au fond. Je ne parle pas de moi. Mais, tenez ! interrogez aussi notre bonne maîtresse, la vieille dame de céans. Je ne sache pas qu'il y ait au monde une plus prudente personne. Croyez-vous donc qu'elle se soucie beaucoup de s'en aller nager ? »

« Vous ne me comprenez pas, » répondit le canard, en proie à une tristesse profonde.

« Ah çà ! qui vous comprendra donc, monsieur Bec-jaune, si cela est au-dessus de notre portée ? » dit la poule de son ton le plus rude. « J'espère bien que vous n'avez pas la prétention d'en savoir plus long que Grosminet et que notre maîtresse, pour ne rien dire de moi-même. Allons ! ne prenez pas comme ça votre air renfrogné ; soyez reconnaissant, au contraire, de toutes les bontés et de toutes les attentions dont vous avez été l'objet. N'avez-vous pas ici une bonne chambre bien chaude, et, par-dessus le marché, des compagnons de qui, sans trop me flatter, vous pouvez apprendre quelque chose? Je vous avouerai franchement qu'il y a en vous beaucoup trop de l'insipide jaseur et du rêveur au long cou, pour que nous trouvions grand plaisir dans votre compagnie. Vous pouvez avoir toute confiance en ce que je vous dis là, car au fond je vous veux du bien. Je ne vous dis, il est vrai, que des choses qu'il vous est désagréable d'entendre, mais c'est là précisément à quoi on reconnaît ses véritables amis. Encore un coup, arrangez-vous de manière à pondre des œufs, ou apprenez à filer. »

« Je crois que je préférerais encore de courir le monde, » dit le petit canard en faisant appel à tout son courage.

« A la bonne heure! ne vous gênez pas, reprit la poule d'un ton rien moins que civil ; ce n'est pas nous tout au moins qui perdrons grand'chose à votre absence. »

Et alors, sans faire plus de frais de paroles pour leur dire adieu, le pauvre petit canard vert reprit de nouveau sa course vagabonde. Quittant sans regret cette chaumière inhospitalière, il se dirigea bien vite vers les eaux après lesquelles il soupirait depuis si longtemps. Alors il se mit à nager joyeusement sur l'onde transparente, d'une façon qui semblait assez étrange pour un canard, plongeant hardiment jusqu'au fond, puis de là regardant la lune dont le pâle disque vu à travers le cristal des eaux avait l'air d'une boule brillamment illuminée à l'intérieur. Mais alors le calme profond de cette scène le rejetait dans un poignant découragement; et s'il venait à entrevoir le moindre animal, les seuls compliments qu'il en obtînt étaient ceux-ci : « Oh! la vilaine créature! va-t'en de mon chemin, petit monstre! »

L'automne touchait maintenant à sa fin, et l'atmosphère était toute chargée de nuages neigeux. Les feuilles des arbres devenaient chaque jour plus fanées et plus jaunes, ou bien dansaient tristement emportées au loin par le souffle glacial des vents. Au haut du ciel semblait régner un froid des plus vifs, et à chaque instant les nuages pesants s'entre-choquaient pour se résoudre en une pluie froide ou bien en giboulées mêlées de grêle. Le noir corbeau voltigeait à côté des grandes routes, faisant retentir l'air de ses lugubres croassements; rien que d'y penser il y avait là de quoi frissonner. Oh! le pauvre petit canard, objet des railleries de tous, était en vérité dans une bien triste position.

Par une pâle et froide après-midi, au moment même où le soleil descendait sous l'horizon, avec sa large figure bronzée ressemblant à une roue de feu attachée au char triomphal de la création, une troupe de grands et magnifiques oiseaux sortit tout à coup avec bruit des buissons incessamment battus par les eaux que soulevait la tempête. Le vilain petit oiseau vert pensa qu'il n'avait encore jamais rien vu de si grand ni de si beau. Leur plumage sans tache brillait à l'instar de la neige; et leur long cou, gracieusement arrondi, ressemblait à un ondoyant pont de coton, se soulevant et s'abaissant tour à tour entre le ciel et l'eau. C'étaient des cygnes. Ils s'en allaient gagner les chaudes contrées où la surface des lacs ne gèle jamais, produisant avec leurs longues et magnifiques ailes un bruit harmonieux. Ils volaient si haut, si haut, que le pauvre petit oiseau, resté en bas, commença à éprouver quelque chose de singulier. Il se tournait et retournait dans l'eau, tendant le cou après eux bien haut en l'air, et pour la première fois de sa vie il poussa alors un petit cri si étrange qu'il se fit peur à lui-même. Oh! à partir de cet instant il lui fut bien impossible de jamais oublier ces beaux, ces heureux oiseaux! Et quand ils disparurent tout à fait au fond du grisâtre horizon, semblables à quelque feu follet ou à quelque étoile filante, il plongea jusqu'au plus profond de l'eau; puis quand il revint à la surface, il ne se sentit pas de joie. Il ne savait ni le nom de ces oiseaux, ni où ils allaient. Et cependant il les aimait comme il n'avait encore rien aimé au monde. Il ne leur portait toutefois pas du tout envie; comment, en effet, aurait-il pu jamais avoir un seul instant la pensée d'être aussi grand, aussi beau qu'eux? Il se fût estimé trop heureux si ces imbéciles de canards ses frères avaient seulement consenti à le tolérer, — lui, le pauvre vilain petit être!

Et l'hiver qui vint fut si froid, si terriblement rigoureux! Pour ne pas mourir de froid, le pauvre oiseau vert était forcé de continuellement nager aussi vite que possible sur ses chaudes plumes. Mais chaque nuit l'espace dans lequel il pouvait nager, se rétrécissait davantage. A mesure qu'elle acquérait plus d'épaisseur, la glace faisait entendre de sinistres craquements. Enfin, il finit par se trouver si fatigué et si faible, que force lui fut de rester coi et immobile, et qu'il se trouva bientôt pris dans la glace et aux trois quarts gelé.

Le lendemain de grand matin passa d'aventure par là un paysan. Il vit la position désespérée du malheureux, et eut pitié de lui; car, voyez-vous, un paysan a un cœur tout comme l'oiseau qui chante si tendrement dans sa cage, ou bien qui brise sa tête contre les barreaux.

Notre brave homme de paysan s'avança

courageusement sur la glace, la brisa avec ses sabots, réussit à sauver le pauvre petit oiseau déjà engourdi, et le rapporta chez lui à sa femme : là, dans une bonne chambre bien chaude, il ne tarda pas à se rétablir complétement ; puis il devint peu à peu assez fort pour pouvoir jouir des quelques plaisirs qui lui étaient accordés bien parcimonieusement, il faut le dire.

Les enfants de la maison essayèrent un beau jour de jouer avec lui, mais le petit canard pensa qu'ils allaient lui faire du mal ; et alors, saisi d'effroi, il s'envola sur un pot au lait en terre, qui du coup fut immédiatement brisé en mille morceaux, tandis que le lait qu'il contenait se répandait à terre. La maîtresse du logis jeta à cette vue les hauts cris en levant les mains au ciel. Ce geste effraya tellement le pauvre petit oiseau qu'il s'enfuit sur la jatte à crème, puis dans le pétrin à farine et enfin au loin dans la cour. Oh ! qu'il paraissait en proie à une vive épouvante ! En effet, cette femme courait toujours après lui, les pincettes à la main et poussant les plus violentes clameurs, tandis que dans leur ardeur à le poursuivre les enfants tombaient les uns sur les autres, riant à qui mieux mieux et poussant de grands cris de joie.

C'était là pour eux une joyeuse partie; mais il n'en était pas de même pour le pauvre petit oiseau qui maintenant, au lieu d'être vert, se trouvait blanc comme neige, grâce à la couche épaisse de farine dont son plumage s'était enduit dans le pétrin. Heureusement la porte de la maison était alors ouverte, et, dans ce moment de confusion, il se hâta de saisir l'occasion favorable pour gagner le grand air. Après avoir voltigé avec beaucoup de difficulté vers les taillis voisins, il ne tarda pas à tomber épuisé de fatigue dans la neige. Il y resta immobile et insensible, comme la marmotte pendant son sommeil d'hiver.

Oh! ce serait en vérité bien trop long de vous raconter toutes les misères, tous les tourments que le pauvre oiseau eut à supporter pendant ce long et rigoureux hiver! Je me bornerai à vous dire qu'il gisait au milieu des herbes d'un marais, comme sous le poids de quelque rêve, lorsque le soleil revint réchauffer de nouveau la terre. En sentant la douce étreinte du printemps et en entendant le chant des alouettes, le petit canard, transporté d'aise, agita ses ailes. Elles firent beaucoup plus de bruit qu'autrefois, et elles lui aidèrent à s'élever hardiment dans l'air. Presque avant de savoir où il était, il se trouva dans un grand jardin dont les arbres à fruit étaient tout chargés de fleurs, où le sureau répandait au loin sa douce senteur, tandis que ses longues branches vertes pendaient jusqu'à la surface de l'eau qui serpentait limpide à travers la plaine. Oh! que ce printemps était donc frais et délicieux! et alors il vit sortir d'un bosquet trois magnifiques cygnes blancs, qui se mirent à nager gracieusement sur l'eau. Le pauvre petit canard reconnut tout aussitôt les beaux oiseaux au plumage si brillant et si doux de l'automne dernier; et à cette vue il se sentit involontairement pris d'une mélancolique tristesse.

« Je vais aller les trouver, ces royaux oiseaux, se dit-il à lui-même; ils me tueront, je le sais, pour me punir d'avoir osé approcher d'eux ma laideur. Mais cela m'est égal. Il vaut mieux en tout cas être tué par eux que d'être mordu par les canards, pincé par les poules et houspillé par la fille de basse-cour, sans compter toutes les souffrances et les misères qu'il me faut en outre endurer pendant l'hiver. » En proie à ces pensées, il se plongea sans hésitation dans l'eau, et nagea avec dignité vers les trois beaux cygnes qui, dès qu'ils aperçurent l'étranger, déployèrent toutes les plumes de leurs ailes.

« Tuez-moi, oh! tuez-moi! » s'écria la pauvre créature, en courbant humblement son cou dans l'eau, et attendant avec calme le coup de la mort. Mais pourquoi tressaillit-il ainsi, lorsque ses yeux rencontrèrent le fil de l'onde? C'est qu'il aperçut alors sa propre image. Il n'était plus le gros, le lourd, le laid canard vert que vous savez; non, il était maintenant devenu lui-même un orgueilleux cygne, un des rois de la gent emplumée!

Sans doute, il était né dans la basse-cour; mais, vous le savez, on y peut bien rencontrer quelquefois un œuf de cygne.

Et maintenant comment raconter les transports de joie et de bonheur du jeune et beau cygne en songeant à toutes les misères, à toutes les infortunes qui avaient été son partage pendant les jours de son enfance ? A présent, du moins, il savait apprécier le prix du bonheur, ainsi que celui de la beauté dont il était revêtu et entouré. Les grands cygnes, eux aussi, le regardaient en lui faisant force gestes d'amitié, et en caressant amoureusement ses plumes avec leurs becs.

A ce moment quelques jeunes enfants parurent dans le jardin, et coururent joyeusement vers la pièce d'eau, pour jeter aux cygnes du pain et des grains de blé.

« Ah ! regardez donc ! en voilà un nouveau ! » s'écria le plus jeune de ces enfants, et le reste de la bande fit aussitôt retentir l'air de ses cris de joie... « Oui, en voici un nouveau ! » répétèrent-ils tous à l'envi. Et ils battirent des mains, puis se mirent à danser, à gambader, pour, finalement, courir de toutes leurs forces faire part de la découverte à leur papa et à leur maman. On jeta dans l'eau force gâteaux et morceaux de pain, et chacun de dire : « Oh ! c'est le plus jeune qui est bien le plus beau de tous! La charmante petite créature que cela fait en vérité! » Et les vieux cygnes étaient beaucoup trop bons pour en ressentir de l'envie; tout au contraire, ils saluèrent leur nouveau compagnon avec la plus exquise politesse.

En voyant et en entendant tout cela, le petit oiseau, naguère vert sale, se sentit tout confus. Il cacha sa tête sous son aile, sans trop savoir ce qu'il devait en penser. Il était au comble de la joie, et cependant il n'éprouvait pas le plus léger sentiment de vanité; en effet, il n'y a jamais d'orgueil dans un bon cœur. Seulement il songeait, mais sans aucune amertume, au temps où chacun le tourmentait et le conspuait. Quel changement, aujourd'hui qu'il entendait chacun dire de lui qu'il était la plus jolie créature qu'on pût voir !

Et le sureau, avec ses longues branches vertes et ses fleurs odorantes, se penchait vers lui sur l'eau, tandis que le soleil le réchauffait de ses rayons les plus doux. Alors le plumage de l'oiseau, naguère objet de tous les mépris, produisit un bruit sourd à mesure qu'il s'avançait;

son col élancé et délié se développa dans toute sa grâce et dans toute sa longueur, comme s'il eût eu la conscience de sa forme vraiment royale; tandis que dans la joie de son cœur il s'écriait : « Ah! je n'ai jamais rêvé d'un bonheur pareil dans les jours où j'étais LE PETIT CANARD VERT! »

TABLE DES MATIÈRES.

	Pages.
Le Sarrasin.	1
Les Cygnes Sauvages.	7
L'Ange.	61
Élise.	75
Le Petit Gardeur de Pourceaux.	103
La Malle Volante.	121
Le Jardin du Paradis.	143
La pauvre Marchande d'Allumettes.	187
Les Souliers Rouges.	195
Le Méchant Roi.	213
Le Rossignol de L'Empereur.	225
La petite paire d'Amants.	257
Le Sapin.	267
Le petit Canard Vert.	293

FIN DE LA TABLE.

www.ingramcontent.com/pod-product-compliance
Lightning Source LLC
Chambersburg PA
CBHW060508170426
43199CB00011B/1368